龍谷叢書37

仏教と心理学の接点

浄土心理学の提唱

藤 能成 編著

法藏館

序　言

浄土心理学研究会代表・龍谷大学名誉教授
林　智康

現代の少子高齢化社会において、人間の寿命が長くなり喜ばしく思われる反面、核家族化が進み、親・子・孫の家族の繋がりが希薄になってきた。またパソコンや携帯電話、スマートホン等、文明の機器の急速な発達で、人間同士の直接対話の機会が失われてきている。

このような混迷する時代に、「仏教と心理学」に関する研究が強く望まれており、それが現代社会に生きる人々に明るい道を示すものと期待されている。このような社会的要請を受けて私たちは、平成十九年(二〇〇七)、仏教、特に浄土教と心理学の接点を探求すべく、龍谷大学内に「浄土心理学研究会」を発足させた。

浄土心理学とは、阿弥陀仏の浄土を志向する仏道と信仰生活における心理学的な問題を扱う学問である。具体的には、信(信心)・回心・智慧・いのり・念仏・観・仏教カウンセリング、等が挙げられる。

浄土心理学研究会は、龍谷大学に所属する真宗学科や臨床心理学科の教員、および他大学の教員、計十四名で構成されてきた。現在、本学の仏教文化研究所客員研究員である李光濬（イ・グヮンジュン）氏が「浄土心理学研究会」の命名者である。李光濬氏は韓国の東国大学校出身で、駒澤大学大学院において『カウンセリングにおける禅心理学的研究』で博士学位を取得し、国際日本文化研究センター外国人研究員（教授）を経て、本学で「浄土教と心理学」に関する研究をされている異色の人物である。

本研究会は平成十九年（二〇〇七）に始まり、ほぼ二か月に一回大宮学舎で研究例会を開き、各自の研究内容を発表してきた。そして時折、テーマによって学外の方にも出講してもらった。さらに、平成二十年（二〇〇八）から二十六年（二〇一四）まで計七回、日本宗教学会（四回）や日本印度学仏教学会（三回）の学術大会において、研究成果をパネル発表を通して公表してきた。そして、このたび「仏教と心理学の接点」と題して、研究論文集を刊行することになったのである。

本書は、「第一章　浄土教と心理学の接点」「第二章　真宗と心理学の接点」「第三章　対話と傾聴」「第四章　ビハーラ活動と心理学の接点」の四部構成である。この論文集刊行を機会に、今後の浄土心理学研究会の発展を望むとともに、さらに現代社会に貢献する研究成果を期待したい。

最後に、本論文集を『龍谷叢書』として出版する機会を与えてくださった龍谷学会に、研究会会員一同心から感謝の意を表したい。

合掌

二〇一六年三月

仏教と心理学の接点——浄土心理学の提唱——＊目次

第二章　真宗と心理学の接点

第三章　対話と傾聴

第四章　ビハーラ活動と心理学の接点

龍谷叢書37

仏教と心理学の接点

――浄土心理学の提唱――

第一章

浄土教と心理学の接点

仏教・浄土教と行動科学の接点

中尾　将大

一　はじめに

現代社会は多様化を極め、それに伴い、現代人は多くの苦悩を抱えている。例えば、情報化社会といわれて久しいが、携帯電話の発達と普及により人間同士が直接に接触することなく多様なコミュニケーションがとれるようになった。便利さと引き換えに対人コミュニケーションがうまく図れない若者も増え、孤独に陥るケースがみられるようになった。人と人とのつながりが希薄になっているといえるのではないだろうか。この事実に関連しているのかもしれないが、その他の社会問題として家庭崩壊、自殺、学校におけるいじめ、少子高齢化、難病など枚挙に遑がない。明日、どのようになるのかわからない、そのような状況の中で人間は生活をしている。そして、人生はいつもみずからの思い描いた通りに物事が運ぶとは限らない。いわば、人間は「思うにままならない状況」で生活をしているといえるだろう。そして、この世の中は常に移り変わってゆく非常に不安定な世界といえるのかもしれない。

そのような世界の中で人間は誰しも幸せになりたいと願っているのではないだろうか。当然のことながら、幸せの形や質は個人によって異なるだろう。しかし、人間はより良く生きようとするという点においては一致していると思われる。そして、人生をより良くしたいと望むという点も共通しているといえるのではないだろうか。そこで、人間はみずからが置かれている状況を少しでも改善しようと努力をすることだろう。しかし、そのための方略がいつも功を奏して、常に状況が改善するとは限らない。むしろ、やればやるほど自体は悪化し、遂には精神と身体のバランスを崩し、精神的に病んでしまうこともある。

仏教の開祖　釈尊は、変転常なきこの世の中では、物理的条件をみずからの意思通りにいつでも変えることはできないが、みずからの置かれている状況いかんにかかわらず、状況の受け止め方を変えることで精神的にやすらぎを得られることを示した[1]。これは人間の心や精神の問題を取り上げているといえるだろう。一方、心理学においても心理的ストレスと呼ばれるものがある。カナダの生理学者H・セリエが心理学用語として採用した概念である。ストレスの定義は様々である。例えば、「自分の安寧を脅かしていると評価した場合の、生体と環境の特別な相互干渉」や「客観的に見て、ある程度の（身体的・心理的危険）を潜在的に有している刺激（すなわち、〈ストレッサー〉として定義づけられるような状況や出来事）を危険であるとか脅威的なものだと（認知的に評価、解釈）したとき、不安状態を反映した様々な生体変化（不安特有の情動や行動パターン、生理的変化）が発現し、こうした過程の全体」などという定義がある。だが、共通していわれていることは、生体自身が「置かれている状況について安寧を脅かしていると評価」あるいは「危険であるとか脅威的なものだと（認知的に評価、解釈）したとき」という部分であり、それが最も重要である。

すなわち、同じ物理的状況であっても、その状況をストレス事態と評価するか否かは人によって異なるということである[2]。これは物理的条件をどのように受け止め、認識をしてゆくかということによって、その後の生体の適応に大きく影響するということであろう。釈尊のいわれた「状況の受け止め方を変えることで精神的にやすらぎを得られること」と通じる部分があると思われる。

また、同じく、状況の受け止め方が生体のその後の適応に影響する概念として、学習性絶望というものがある。アメリカの心理学者M・セリグマンは非常にユニークな二つの研究をおこなっている。ひとつは、「学習性絶望」と呼ばれる現象である。彼らの研究グループは、イヌを被験体として自分では統制ができない状況にイヌを置くと、その後の簡単な課題遂行が阻害されることを発見した。彼はイヌがみずから統制ができない状況下で「何をしても駄目だ」という認識の学習をしていると考えた。もうひとつは「楽観主義」の研究である。彼は、物事を悲観的に捉える悲観主義者と物事を前向きに楽観的に捉える楽観主義者の行動パターンや認知について調査を実施し、物事を積極的に捉えて行動する「楽観主義者」に成功者が多いことや、学習訓練によって「楽観主義者」に変容できることを示した。以上から、事象に対する「認識のありかた」を変えることで人生は良くも悪くもなることが、心理学の研究によっても明らかにされているのである[3]。

上記の例をとってみても仏教と心理学（行動科学）との接点があるのではないかと思われる。それらを見出し、実践しやすい形に変換することで、現代人もより良く生きてゆくことができるだろうと思われる。本稿では専門的な仏教や浄土教の教義・教学は直接的には問題とせず、あくまで「心理学の視点」から仏教や浄土教を眺め、心理・行動科学との共通点や相違点を見出し、現代人の生活に生かすことで苦悩の解決に貢献できる点を探ろうと試みることを目的とする。本稿は次の五つの節に分けて論ずる。
二　心理学・行動科学の目指すもの、三　仏教（原始仏教）の目指すもの、四　心理学・行動科学と仏教との比較——要点まとめ——、五　自己存在の価値に目覚める——妙好人の認知と行動のありかた——、六　おわりに
各節ごとにそれぞれの分野のエッセンスを示してゆく。そして、読者諸兄に内容を比較検討していただくことにより、仏教・浄土教と行動科学の接点および相違点も自ずと浮かび上がってくることと思われる。

二　心理学・行動科学の目指すもの

一般に心理学は「行動の科学」といわれる。生体の精神および精神活動は直接的に見ることは不可能である。そこで、心理・行動科学では、研究の対象を「心そのもの」ではなく「心の機能・働き」としている。[4] それらを反映するものとして客観的に観察可能な行動を対象としてきた。一口に心理学といっても現代心理学はその領域の裾野を広げている。いわば、専門化が進んでいるといえるだろう。そもそも心理学は、人間がものを考え、自分と自分の周囲に目を向け始めた時に誕生したと考えられている。そして、他の学問分野と同様に多くの先人たちの努力のもとに確立されていったのである。

人間は一生の間に色々な環境の下で数限りない経験をする。それは、物理的・生理的環境、心理的・社会的環境の中で人間が適応を図りつつ生きてゆく姿であるといえるだろう。適応には生理的・身体的適応と心理的・精神的適応がある。また、環境から生体に働きかける受動的適応、逆に生体から環境に働きか

ける能動的適応という区分の仕方もある。いずれにせよ、人間はこの適応のメカニズムによって今日の文明社会を作り上げたといえるだろう。しかし、近年では公害など人間の造り出したメカニズムの歪みも見られ、新しい適応のメカニズムの必要性が指摘されている。

一方で、適応が不十分もしくは不適切な場合、生体の心身は病んだ状態となり、不適応状態に陥る。その結果、身体的死や社会的死、精神的混乱を招く。よって、人間の生命を支えているものとしての適応（adjustment）のメカニズムの重要性が挙げられる。以上から適応とは自分を環境や状況に〝合わせ、調和させ、正しい状態に整える〟ことといえる。人間はいうまでもなく、身体的存在であると同時に精神的存在でもある「生物的存在」である。よって、適応のメカニズムの基礎として、「生理的・生物的基礎、学習、動機づけ」などがある。上記の構造が統一的に働いて、環境と個体との間の動的平衡状態の維持が可能となるのである。(5)

さらに生体の適応ということを考えたとき、もうひとつの要因として「目標指向性」というものが挙げられる。生体は闇雲に行動を起こすのではなく、効率的かつ効果的に餌などの報酬を得たり、みずからの置かれている環境・状況を良いものにしようとする。そのような営みの中には何らかの目標が設定されるのである。つまり、目標指向性には原始的な生理的・身体的欲求の充足もあれば、ヒト特有の高次の欲求である「理想の実現」など価値的欲求の充足なども含まれるのである。

以上から、多くの心理学分野は個々に方向性や目標が設定されているが、その根底には「生体の適応や生存」を目指すというものがあり、その一点においては共通しているのではないかと思われる。このような観点から心理・行動科学を定義してみると、①目標指向性を持った活動の中で、直接もしくは間接的に何らかの手段を用いて観察しうるものを「行動」と呼ぶ。そして、②外部から観察することはできないが、行動を通じて推論しうるものを「心的過程」と呼ぶ。すると、心理学は①行動と②心的過程を研究する科学と定義することができよう。また、「個人のうちにある全体的な性質や欲求や様々な心的過程を表現している活動を対象とする科学」とも定義できる。そして、心理学は対象に対応した方法（観察、実験、調査など）を用いて、客観的で普遍的ないし、個別的法則または原理を求めようとするのである。

三　仏教（原始仏教）の目指すもの

仏教は今から約二五〇〇年前にインドにおいてゴータマ・シッダッタ（紀元前四六三～三八三：諸説あり）により始まった。彼は小国の王子として生まれたが、二十九歳の時に生・老・病・死という人間の持つ苦しみの解決を目指して出家をした。そして、三十五歳の時、菩提樹下での瞑想を通して「悟り」という宗教的体験を果たした。ここではゴータマ・ブッダの思想の基本的な部分に触れつつ、先の節で触れた心理学・行動科学との比較をしたい。

ブッダは四五年という長きに亘り、説法をして彼の思想を説いたが、筆者はブッダの思想の基本は、最初に五人の比丘に説いたとされる、いわゆる「初転法輪」にあるのではないかと考える。なぜなら、そこには、苦しみとはいかなるものか、そしてその苦しみを解決し、安らぎの境地に到達するにはどのようにしたらよいのかということについて具体的に説かれているからである。この点は、まさにブッダが小国の王子という地位を捨ててまで追究しようとしたその答えが、余すところなく示されているのである。(6)

ブッダによると、この世界は苦しみに満ちている。その代表が先に示した四つの苦しみである生（生まれる苦しみ）、老（老いる苦しみ）、病（病気による苦しみ）、死（死の苦しみ）である。ここに「恨み憎む者に会う苦しみ」、「愛する者に別れる苦しみ」、「求めて得られない苦しみ」、そして「この五蘊《ごうん》（身心）はすべて苦である」というさらなる四つの苦しみが加わって「四苦八苦」といわれる。仏教はまず、この世は思うにままならない世界であり、苦しみに満ちているという認識から始まるのである。しかし、この苦しみは止めることができると説く。それは自己を片寄らない「中道」に置き、物事を見、思い、そして語ることである。

例えば、先にこの世界は苦しみに満ちていると述べたが、生きていると苦しいことだけでなく、楽しいことや嬉しいこともある。では、後者に「だけ」目を向けて苦しみには目を閉じるということをすれば、これは楽に偏った生き方（快楽主義）ということになる。また、他方の極端な立場としてブッダは「禁欲主義」を挙げている。苦しいことも楽しいことも両者とも受け入れ、全てを直視することこそ中道であるといえる。さらにブッダは、中道を生活実践の上に当てはめて、いかに考え、いかに語り、いかに行為するべきかを、八つの正しい道（八正道）として具体的に示したのである。八正道とはすなわち、正見、正思、正語、正業、正命、正精進、正念、正定である。正しく観察し、正しく思惟し、正しく物を言い、正しく行為し、正しき人間生活を営み、かつそれをよく成就するために、正しき努力を営み、正しき心の向け方をなし、正しき心の置き方をなす。それによって、眼は正しく開かれ、正しき智慧は成り、寂静涅槃の境地に赴くことを得るであろうとするのである。(7) ここでいう正しさとは中道のことである。

筆者は八正道を実践することで人間はやがて自分を訓練し、自己統制ができるようになるのではないかと考える。人間はややもすると、行動の根底に、自分だけが有利な状況に身を置くことができるように自己の利益を優先させた行為や考えを取ろうとしがちである。これは先の中道の考え方からすると、「自己の立場に偏った見解」ということになるだろう。人間は社会生活を営む上で、他者やそのほかの事物との関わりなくしては社会生活そのものが成立しない。したがって、自分の立場だけでなく、関わる相手の立場も考えた上での見解に基づき、行動や言動をおこなうことが「中道に沿った行為」といえるのではないだろうか。そう考えたとき、中道とはまた、「私心がない」または、「自己中心的な事物の捉え方を捨てる」ことといえるのではないだろうか。そこには他者や環境内にある事物との調和や融和が成立すると思われる。そのような行為を重ねることで、争いや怒りなど人間の精神をかき乱す現象や心的状態は自然消滅し、おのずと精神的な安らぎは訪れると思われる。ブッダは苦しみの原因として渇愛を挙げている。渇愛とはあたかも喉の渇いた者が水を求めて、欲しい、欲しいとさまよい歩くような状態である。そのように人間の欲望というものは底がなく、何かひとつのものを手に入れたら、また次のものを欲しがるものである。そのようなみずからの欲望、自己中心性に惑わされない自己を作り上げることが大切ではないだろうか。

四　心理学・行動科学と仏教との比較——要点のまとめ——

以上の二節を通して、心理・行動科学と仏教（原始仏教）の目指すものを概観してきた。当然のことながら、それぞれの領域が独自に主張をしている点も多々あるのだが、この節では要点を絞って両者の比較をおこない、とりわけ共通している部分について議論をしたい。

まず、心理学・行動科学であるが、この分野の主な目標・主張をまとめると、生体はみずから行動を変容させ、環境に自己を合わせて適応を図ろうとする。そして、自己の生存が脅かされかねない状況であれば、その状況を変えるべく、取るべき行動を変容させたり、あるいは物理的に条件を変えようとする。加えて、危機的状況から身を遠ざけ、回避・逃避することで心身の安寧を図ろうとする。

一方、原始仏教では、人間は環境や世界のありかたそのものを変えることはできないが、世界の受け止め方を変えることができるとする。ゴータマ・ブッダによると、具体的に八正道を日々の生活の中で実践することで自己を整えてゆくのである。そして、心のありかたすなわち、これまでの視点や認識のありかた（自己を中心とした世界観）が新たなもの（自己と他者・自然・社会との調和と融合：全体の中での自己の役割など）へと転換し、世界観は変わると説く。それがやがて苦しみをもたらす世界観から安らぎをもたらす世界観へと成長してゆくのではないだろうか(8)。

このように見てみると、行動科学はみずから置かれている環境や条件を変えるという手段を用いているのに対し、仏教は事態の捉え方を変容させるという手段を用いている。各々、手段は異なるが、環境への関わり方をみずから変容させる、苦しい状況を打破しようとするという点において、接点が見られると考える。これは自分が変わることで事態も変わってゆくということではないだろうか。行動科学も仏教も、自分で自分のありかたを変える努力をすることが重要な点であると思われる。そして、両者とも、苦しい状況を打破しようとするという目的のためにはどのようにすれば良いのか、具体的な方法を提示している。

五　自己存在の価値に目覚める——妙好人の認知と行動のありかた——

1　はじめに

これまでの節を通して、心理学・行動科学も仏教も、共通する目標は人生に伴う苦難や苦悩から遠ざかり、精神的に安寧を得ることであると確認できた。しかし、その具体的な方法がそれぞれ異なることは明らかであった。簡単に述べると、前者は物理的要因を操作することでみずからの行動や状況を改善してゆくのに対して、後者は心理的な要因（認識のありかた）を操作するのである。

「一　はじめに」でも述べたが、苦しみをもたらす認識のありかたやこれまでの視点の転換をおこなうことが、その後の人生のありかたを大きく左右することは、心理学・行動科学や仏教においても明らかにされている。本節で紹介する妙好人《みょうこうにん》と呼ばれる人々は、これまでの議論から考えると、人生に伴う苦難に対して全力で立ち向かい、その結果、物理的なものに価値を置いていた視点からみずからの力を超越した「聖なるもの（阿弥陀如来の救いの働き）」に価値を置く視点へと転換を果たし、やがて苦しみを超越した人生を歩んだ人々である。その背景には浄土教、特に浄土真宗の教えがあった。すなわち、彼らは現実的な日常生活の中で、物理的価値観を超えた、いわば「霊的な価値観」に目覚め、その導きの中で人生を歩んだと考えるのである。彼らの視点や行動様式は、苦悩に喘ぐ現代人にとって苦悩からの脱却を目指す上で参考になると思われる。それは、「浄土教的行動の原理」と捉えられると思われる。そこで重要になってくるものは「聖なるものへ己の全てを委ねる」ということであると考える。

2　妙好人の詩――念仏の生活――

わが国における浄土真宗において、一般的に篤信の在家信徒のことを「妙好人」と呼ぶ。「妙に好ましい人」の意味である。阿弥陀如来の摂取の光明、慈悲に包まれ、日々の生活の中で念仏をとなえつつ、精神的に豊かに生きる人のことである。江戸中・後期に真宗の僧職者たちは、真宗信者の中から世の人々の模範とするため篤信者を選び、その信心や生活態度を収録し、「妙好人伝」を編集した。その主な僧侶は、仰誓、克譲、僧純、象王といわれる人々であった。近代に入り、仏教学者鈴木大拙が『宗教経験の事実』という著書の中で讃岐の庄松と和泉の物種吉兵衛を「妙好人」として取り上げた。さらに『日本的霊性』で、越中の赤尾の道宗と石見の浅原才市を、さらに『妙好人』で、才市の宗教詩や小川仲造の言行を紹介した。鈴木がハワイ大学での東西哲学者会議やコロンビア大学での講義で才市の宗教詩を紹介したのを契機に「妙好人」は、わが国のみならず、欧米にも知られるようになったのである。[9]

妙好人の中には、みずからの信心の味わいを「詩《うた》」で表現している人が多い。代表的な人物として、石見《いわみ》の浅原才市《あさはらさいち》（一八五〇〜一九三二）、六連島《むつれじま》のお軽（一八〇一〜一八五七）、近年では、東井《とうい》義雄《よしお》（一九一二〜一九九一）、榎本栄一《えのもとえいいち》（一九〇三〜一九九八）などが挙げられる。その詩には、阿弥陀如来の救いの働き（本願力）と出会い、深い精神的境地に到達したであろう、妙好人の世界観を垣間見ることができる。

本稿では「下町の妙好詩人」と呼ばれた榎本栄一氏の詩を一部紹介する。榎本氏は、明治三十六年に兵庫県の淡路島三原郡阿万村に生まれた。五歳の時に両親が大阪西区新町で小間物化粧品店を開いて以後は大阪で育った。十五歳で父親を亡くし、十九歳頃から店を営むようになった。第二次世界大戦中に大阪大空襲で全てを失い、生まれ故郷の淡路島に家族で疎開した。戦後、東大阪市の高井田市場で化粧品店を開業し、昭和五十四年に閉店廃業（当時七十六歳）した。その後、真宗大谷派難波別院によくお参りし、熱心に聴聞を続けた。榎本氏は六十歳を過ぎたころから「念仏詩《ねんぶつし》」を書き始め、平成十年に九十四歳で亡くなるまで多くの詩を詠んだ。それらは詩集として今日まで残っている。それらの詩には、阿弥陀如来の本願力に抱きとられた榎本氏の生死を超えた限りないいのちの広がりが表現されている。(10) 以下のような詩がある。

尽十方《じんじっぽう》
帰命尽十方無碍光如来さま　もうじき　三千大千世界いっぱいに　この私奴《わたくしめ》が　溶け込んでしまいます

一味のながれ
私にながれる命が　地を這う虫にもながれ　風にそよぐ　草にもながれ

いのちが光る
ごらんなさい　いのちが光る　お米　お魚　野菜など　作る人　漁《すなど》る人　運ぶ人も　ほんに私は　十方無量の　御いのち　御労力《おんはたらき》にささえられ

井蛙《せいあ》のねんぶつ
蛙は　この野井戸で　明け暮れ　念仏もうします　ここにも宇宙のリズムが　無辺光《おひかり》が

上記の榎本氏の詩から、氏が自分はひとりで生きているのではなく、みずからの力を超えた聖なる存在（ここでは阿弥陀如来）の救いの働きに溶け込み、あらゆるものとつながりを持って「生かされている」という感覚を持っていたのではないだろうかと推測される。そして、自身や身近にあるものの中にも「いのちの光」を見出し、その尊さを感じ、生かされていることに感謝していたのではないだろうか。そこに榎本氏と阿弥陀如来とのつながりを垣間見ることができ、自己の全てを目には見えない阿弥陀如来の本願力に任せて人生を歩んだ姿が想像される。しかし、氏がこのような心境に到達することができたのは一朝一夕にではなく、それまでには色々な辛い経験があったに違いない。

氏の人生を鑑みたとき、早くに父親を亡くし、若くして働いて身を立てねばならなかった。また、それだけでも大変な苦労をしてきたと思われるのに、第二次世界大戦という時代の大きな渦に巻き込まれ、生死と隣り合わせの時代をなんとか乗り越えてきたことと思われる。そのような人生の苦難を味わいながらも信仰生活を続け、遂に上記のような世界観に到達したものと思われる。おそらく、あまりに辛い人生の苦難を前にして、信仰の上でも挫けそうになったこともあっただろう。しかし、疑いや躓きを伴いながらも、阿弥陀如来の救いの働きを一心に信じ、遂にはその働きを確信された（信知された）のかもしれない。その時、人間はこれまで経験したことに積極的な意味を見出し、一つ一つの経験が光を放つようになるのかもしれない。同時に自己存在（命）の価値や尊さに気がつくことだろう。

人間は辛いことや痛みに対して、逃げようとしたり及び腰になりがちである。これは、「生命の維持」という観点からすると、それが適応的であり、当たり前なのかもしれない。しかし、榎本氏は「父親の死」など、受け入れがたい厳しい現実にも直面したが、苦しみや苦難から逃げずに、それら苦難をも受け止めて、人生を歩んだと思われる。氏のそのような行為を可能にさせたものとして、阿弥陀如来の救いの働きを信じ、その働きに任せて歩もうとする「聖なるものへの委ね」があったのではないだろうか。

妙好人の多くは、子どもに先立たれたり、信じていた夫の浮気など、あまりに辛い人生の苦難を通して、信仰の生活に入っていった。しかし、その厳しい苦難ゆえに、なかなか阿弥陀如来の救いの働きを信じることができなかった。ところが、彼らは数限りない阿弥陀如来の救いの働きに対する疑問と疑いの果てに、ただ素直に阿弥陀如来の救いの働きを信じ、委ねることができるようになったのである。あるいは信じざるを得ないという心境だったのかもしれない(11)。その結果、苦しみや悩みを自ずと超越し、「生かされて、生きている」自己の価値や命の大切さに気づくことができたものと考える（回心の体験）。

この世界に広がる阿弥陀如来の救いの働きというものは、みずからの損得を中心に据えた世界観に立っていては見出すことはできない。そこでは自分という存在を重視するあまり、他者や他の事象から自分が切り離され、孤独な存在となっている。結果として孤独感や孤立感に苛まれ、苦しむことになる。しかし、自分と他者、ほかの事象はまったく無関係ではなく、相互に関係し合って存在し、その関係性の中であらゆる現象が生じている。その観点に立つと、世界と自分は溶け合い、自己存在の意味と意義に自ずと気がついてゆく。あたかも、バラバラに存在しているかのように見える夜空の星が「星座」という星同士の関係性が生じた時にひとまとまりの意味が生じるようなものである。その時、バラバラと思われていた星々が互いにつながりを持ち、星座としての「存在の意味」が発生するのである。妙好人はそこに救いを見出し、あらゆる命の根源にあるものが阿弥陀如来の救いの働きであると捉えていたのではないだろうか。

六　おわりに

人間を含めたあらゆる生命は、生まれ落ちた環境との関わりの中で生きてゆかねばならない。ところが、この世は変転常なき世界（諸行無常）である。したがって、自己にとって良いことばかりではなく、悪いこともある。人間はなぜ生まれ、やがて老い、病を得、死ななければならないのか。この疑問は洋の東西、立場に関係なく、全ての人間が抱くものであろう。そこにはみずからの存在価値を知ろうとする、人間としての根源的な欲求があるのかもしれない。自分は一体何者なのか。自分の存在や人生にはどのような価値や意味があるのか。人間は人生経験を通じてその疑問への回答を自分なりに見出そうとするのかもしれない。

その営みの結果、人間は人生に伴う苦しみから逃れ、精神的安らぎを得、精神的に成長し、やがてみずからの命の価値・尊さに気がつくのではないだろうか。それは、あらゆるものとつながりを持って生かされているという己自身の「命の大切さ・尊厳」ともいえるだろう。自分という存在は世界に一人しかいない。そのような価値観に目覚めた時、人間は我が身の大切さ、偉大さに気がつき、一日たりとも無駄に過ごすことはできなくなるのではないだろうか。「一日一生」の思いで、自分に与えられた環境・条件のもとで精一杯働くことである。それが己の命を生かすこととなり、自分の存在価値をみずから見出すことになるだろう。その時、みずからの人生において経験した良いこと、悪いことは、みずからの価値、人生の意味を見出すためには必要なものであったのだと、それまでは気がつかなかった「意味」を見出すことだろう。それまではまったくバラバラで関連の見えなかった事象同士が、ある瞬間、一本につながり、自己存在にとって重要な意味をもたらすのかもしれない。これが「気づき」であり、真実に「目覚めること」なのだろう。

本稿で紹介した行動科学、仏教、浄土教は、それぞれの視点からその目的ための道を示しているように思われる。これらの領域のうち、どれが優れているのか、劣っているのか、優劣をつけることは本稿の目的ではない。これらの領域が示すことを比較検討することにより、人生の意味、人間の存在の価値について考察するきっかけとなればと願うものである。

註

（1）佐々木閑『ゴータマはいかにしてブッダとなったのか――本当の仏教を学ぶ一日講座――』ＮＨＫ出版新書、二〇一三年、六四～六九頁。
（2）津田彰「ストレスの実体に迫る」（磯博行・杉岡幸三編『動物実験心理学セッション――ストレス・酒・重金属・多動・観察行動――』二瓶社、一九九二年、一～三四頁）。
（3）セリグマン・Ｍ『オプティミストはなぜ成功するか Learned Optimism』講談社文庫、一九九四年。
（4）磯博行『他領域で学ぶ人のための行動科学入門』二瓶社、二〇〇二年、一～二頁。
（5）今田寛・宮田洋・賀集寛編『心理学の基礎』培風館、一九九六年、二～三頁。
（6）中村元『原始仏教――その思想と生活――』ＮＨＫブックス、一九七〇年、三二～四五頁。
（7）増谷文雄『仏陀――その生涯と思想――』角川選書、一九六九年、八四～八七頁。
（8）羽矢辰夫「釈尊における行と慧」（第六十二回日本印度学仏教学会学術大会パネル発表「仏道における行と慧」

発表資料、二〇一一年）。
（9）菊藤明道『妙好人伝の研究』法藏館、二〇〇三年、三～六頁。
（10）菊藤明道『妙好人の詩』法藏館、二〇〇五年、一一一～一一七頁。
（11）中尾将大・藤能成「妙好人・浅原才市の「獲信」に至る心的過程に関する一考察」（吉川悟編『対人援助をめぐる実践と考察』ナカニシヤ出版、二〇一四年、三七～四三頁）。

二河白道――語られた宗教的信の持つ機能――

山本　浩信

一　はじめに

本稿は、善導の『観経疏』に記された「二河白道の譬喩（二河譬）」を「語られた宗教的信」とみなして、その機能についてうかがうものである。

カウンセリングの場面においては、クライエントは、セラピストのひたすらな「傾聴」に対し、自身がいま抱えている想いを語っていくことによって、さまざまな気づきを得て、自己実現を目指していく。その場合、クライエントの「語り」は、セラピストの「何を語ってもいい」という無条件の肯定的関心、共感的理解にもとづく傾聴によって促進される。

「語り」とは、大きくは、個人の来歴を述べ、ライフストーリーの中で自己の病の意味をとらえるという「物語」が想定される。小さくは、何気ない出来事において、語りを通じて、いまここで立ち現れてくる意味に焦点を当てる作業をいう(1)。

しかし「語り」は、言語表現に限らず、なんらかの考えを表明すること全般をも指す。また、「対話」は一対一でのものに限らず、ひとりひとりの中で生じたり、多くの人びとの間で生じたり、あるいは、ひとでないものとの間で生じたりする現象全般をも指すという(2)。

いまここでは、善導の『観経疏』は、「ひとでない」仏との間で生じた現象として絶えず仏心と感応道交しながら完成されたものであり、そこで記された二河白道の譬喩も「語り」に類されるものと考え、そこで語られたものは宗教的な信の表白であるので、二河白道の譬喩は、「語られた宗教的信」とみなしたい。

二河譬は、称名念仏による往生浄土の道が、譬えをもって善導大師の心象スケッチのように描かれており、その目的は、同じ宗教的信を抱く人の「信心を守護」するために説かれている。カウンセリングの場面では、個々の心身や人生における問題が多様であるのに対して、二河譬では、同一の念仏による宗教的救いということが前提として語られている。そこでは、語られる内容が、同一の念仏の宗教的信という内容であることによって、それに接した者に同じ信を喚起し、さらに語り継がれるという機能を持っている。ただし、二河譬は、受容のされ方には幅があり、それを受容する者の個性や思想、置かれた状況などが生かされた形でも受容されている。今回は、親鸞の受容のあり様を見ておきたい。

二　二河白道の譬喩とは

さて、二河白道の譬喩（二河譬）とは、「果てしない荒野を西に向かう旅人の前に、忽然と水と火の河が立ちはだかった。旅人は、水火の二河の中間に、西に向かって延びるわずか四、五寸の白い道を見いだすが、ふと振り返ると、群賊・悪獣が迫って来ていることに気づく。旅人は往くも死、還るも死、止まるも死という絶体絶命の窮地（三定死）に立たされるが、白い道を進むことを決断した時に、東の岸から、その白い道を往くことを進め遣わす声が響く。同時に西の岸から、〈なんぢ一心に正念にしてただちに来れ、われよくなんぢを護らん〉と旅人を招き喚び続ける声が響いてきた。旅人は、それらの声に身をまかせて、その白い道を進み、やがて西の岸にたどり着いた」という内容の、物語の形式を持つ譬喩である。

善導はみずからこの譬喩に次のような釈文をおいている。


「東の岸」＝「この娑婆の火宅」、「西の岸」＝「極楽の宝国」

「群賊・悪獣詐り親しむ」＝「衆生の六根・六識・六塵・五陰・四大」

「無人空迥の沢」＝「つねに悪友に随ひて真の善知識に値はざる」

「水火二河」＝「衆生の貪愛は水のごとく、瞋憎は火のごとくなる」

「中間の白道四五寸」＝「衆生の貪瞋煩悩のなかに、よく清浄の願往生心を生ずるに喩ふ。すなはち貪瞋強きによるがゆゑに、すなはち水火のごとしと喩ふ。善心微なるがゆゑに、白道のごとしと喩ふ」

「水波つねに道を湿す」＝「愛心つねに起りて、よく善心を染汚する」

「火炎つねに道を焼く」＝「瞋嫌の心よく功徳の法財を焼く」

「人道の上を行きてただちに西に向かふ」＝「もろもろの行業を回してただちに西方に向かふ」

「東の岸に人の声の勧め遣はすを聞きて、道を尋ねてただちに西に進む」＝「釈迦すでに滅したまひて、後の人見たてまつらざれども、なほ教法ありて尋ぬべきに喩ふ。すなはちこれを声のごとし」

「あるいは行くこと一分二分するに群賊等喚ばひ回す」＝「別解・別行・悪見人等妄りに見解を説きてたがひにあひ惑乱し、およびみづから罪を造りて退失する」

「西の岸の上に人ありて喚ばふ」＝「弥陀の願意」

「須臾に西の岸に到りて善友あひ見えて喜ぶ」＝「衆生久しく生死に沈みて、曠劫より輪廻し、迷倒してみづから纏ひて、解脱するに由なし。仰ぎて釈迦発遣して指して西方に向かはしめたまふことを蒙り、また弥陀悲心をもつて招喚したまふによりて、いま二尊（釈尊・阿弥陀仏）の意に信順して、水火の二河を顧みず、念々に遺るることなく、かの願力の道に乗じて、捨命以後かの国に生ずることを得て、仏とあひ見えて慶喜することなんぞ極まらんといふ(3)」

三　善導における二河白道の譬喩の意義

二河譬は、「『観経』の玄底を流れる凡夫救済の仏意を体得した大師の深い信体験を、巧妙にたとえあらわされたもの(4)」で、背景は『観経』の教説にあるといわれる。

善導は、『観経疏』「玄義分」の序題門において、

しかも娑婆の化主（釈尊）はその請によるがゆゑにすなはち広く浄土の要門を開き、安楽の能人（阿弥陀仏）は別意の弘願を顕彰したまふ。その要門とはすなはちこの『観経』の定散二門これなり。「定」はすなはち慮りを息めてもつて心を凝らす。「散」はすなはち悪を廃してもつて善を修す。この二行を回して往生を求願す。弘願といふは『大経』（上・意）に説きたまふがごとし。「一切善悪の凡夫生ずることを得るものは、みな阿弥陀仏の大願業力に乗じて増上縁となさざるはなし」(5)

と述べて、釈尊は韋提希の請いに応じて、定善・散善の要門の行を説いたが、阿弥陀仏は、『大経』に説かれるような大願業力たる、弘願・本願念仏の教えを説いたと語る。そこには、釈尊は聖道門の教えを、阿弥陀仏は浄土門の教えを説いたと、二尊はそれぞれに二教を説いたと示されている。しかしそのことは、『観経』「流通分」の「なんぢよくこの語を持て。この語を持てといふは、すなはちこれ無量寿仏の名を持てとなり(6)」の教説を、善導が『観経疏』「散善義」で「上来定散両門の益を説くといへども、仏の本願に望むるに、意、衆生をして一向にもつぱら弥陀仏の名を称せしむるにあり(7)」と述べたように、釈尊の正意は、定散二善の教えを捨てて、本願念仏を勧められたと見られている。ために、「序題門」の結びでは、

仰ぎておもんみれば、釈迦はこの方より発遣し、弥陀はすなはちかの国より来迎したまふ。かしこに喚ばひここに遣はす、あに去かざるべけんや(8)。

と、二尊が一致しているさまが示されている。

さらに、『観経』第七華座観には、貪欲・瞋恚を具足した「韋提希」に対して、「除苦悩法」を説くといわれた釈尊の声に応じて阿弥陀仏が出現された（応声即現）一節「住立空中尊」がある(9)。善導は、『観経

疏』「定善義」で、その一節を、危機に直面しながらしかもそれと気づかない凡夫のあり様が描かれ、そのような凡夫のあり様を見ておれなかったから、大悲の如来は、やむをえず、み足をあげて来応し、業繫の牢から救い取る立撮即行の徳用が顕示されていると見た(10)。

この一節は、貪欲・瞋恚の煩悩を具足した凡夫・韋提希のために、二尊が一致しているさまが示されおり、それは二河譬の二尊による発遣・招喚の描写につながっている。

四　二河譬の持つ「喚起」の機能

筆者は「二河譬（二河白道の譬喩）」に「魅力」を感じる。「魅力」とは何か。いま、ここで、煩悩を抱えた身の私が、生きる根拠・場を与えられていることへの安心感である。ただし、「魅力」を感じる時というのは、「どうにもならない困難な状況」に出会った時。そのような時にこの譬えを読むと生きる力が湧いてくる。それ以外の日々の安逸にひたっている時には、この譬えの持つメッセージは響いてこない。

「どうにもならない困難な状況」ということを、仏教では「四苦八苦」で表わす。「生老病死」の四苦と「愛別離苦・怨憎会苦・求不得苦・五陰盛苦」の四苦である。この苦しみを超える道を、浄土真宗の宗祖・親鸞聖人は「生死いづべき道」として浄土往生の道に求めた。苦しみの最大なるものは「死」であろうが、「無明」が「死」すべき己の事実を覆い隠す。また、「無明」という自己中心性から派生する、貪欲・瞋恚といった煩悩に悩まされるこの「生」もまた苦しみである。いずれにしても、己の力ではいかんともし難い苦の事実に出会った時、人はそこからの脱却・解放を求める。けれども、苦の現実には、なおも目をそむけ、日々の安逸にひたっているのが、日常の私の姿である。

二河譬には、そのような私を人生の実相に目覚めさせ、人生苦からの解放への道が称名念仏による浄土往生の道にあることを開示するメッセージが込められている。

「宗教とは、人間の究極的関心を表出し、かつ喚起するところの体系である[11]」という定義がある。これは松本氏が、岸本英夫氏の定義やポール・ティリッヒの研究を承けて述べたものである。「人間の究極的関心」ということを、人間が潜在的に持っている「生死出離の要求」と置き換えることができるならば、二河譬には、「人間の究極的関心」としての「生死出離の要求」とその応答としての究極的な依りどころ（本願）による救済、の構造が体系的に表出されている。それはまた同時に、この譬喩に接するものを喚起する内容でもある。二河譬には、私の置かれている苦悩のあり様と、その苦悩を超える道が、浄土往生という道、仏の喚び声への信順という形で、体系的にかつ象徴的に描かれている。二河譬には、これに接する者に宗教的信を喚起する機能があるものと思われる。

五　親鸞における二河譬の受容

親鸞は、①『教行信証』「信巻」、②『愚禿鈔』、③『浄土文類聚鈔』、④『一念多念文意』、⑤『高僧和讃』において、「二河譬」を引用または解釈している。また⑥『消息』においては、異義が惹起していた関東の門弟に、二河譬を写与しこれを勧めている。また門弟からの手紙にも、二河譬が受容されていた様子がうかがえる。

①『教行信証』「信巻」

まず、『教行信証』「信巻」の三一問答・法義釈の欲生釈で、善導『散善義』回向発願心釈の、「また回向発願して生るるものは、かならず決定真実心のなかに回向したまへる願を須ゐて得生の想をなせ。この心深く信ぜること金剛のごとくなるによつて、一切の異見・異学・別解・別行の人等のために動乱破壊せられず。ただこれ決定して一心に捉つて正直に進んで、かの人の語を聞くことを得ざれ。すなはち進退の心ありて怯弱を生じ、回顧すれば、道に落ちてすなはち往生の大益を失するなり」の文を引用した後に、二河譬の「白道四、五寸」と善導の釈文「能生清浄願心」について自釈を施している[12]。すなわち、「白道」について、白とは、阿弥陀仏が選択回向した浄土に往生するための清浄の「南無阿弥陀仏」であり、白道とは、「本願一実の直道」「大般涅槃、無上の大道」であるとする。また「黒は、無明煩悩の黒業、二乗・人・天の雑善」などと偽・仮について言及する。さらに、「四、五寸」とは、衆生の四大・五蘊に譬えたもので、その煩悩の身に本願力回向の金剛の信心を獲得する、と善導の「能生清浄願心」の句を解釈している。

②『愚禿鈔』

次に、『愚禿鈔』「下巻」で『観経』三心の回向発願心釈の後に、二河譬〈および善導の釈文〉について、譬喩の最初から順に、「百歩」「群賊・悪獣」「つねに悪友に随ふ」「〈無人空迥の沢〉といふは、悪友なり。真の善知識に値はざるなり」「白道四五寸」「能生清浄願往生心」「あるいは行くこと一分二分す」「悪見人等」「また、西の岸の上に、人ありて喚ばうていはく、〈汝一心正念にして直ちに来れ、我能く護らん〉」

「念道」「慶楽」「仰いで釈迦発遣して、指へて西方に向かへたまふことを蒙る」「また弥陀の悲心招喚したまふによる」「いま二尊の意に信順して、水火二河を顧みず、念々に遺るることなく、かの願力の道に乗ず」について自釈している[13]。

特に、「群賊」を「定散自力の人なり」、「悪友」を「雑毒虚仮の人」、「悪見人等」を「驕慢・懈怠・邪見・疑心の人なり」と述べて、疑心の自力へと見方を昇華させていること、「六度万行、定散＝自力小善の白路」（仮）、「六趣、四生、二十五有。十二類生の黒悪道」（偽）と、より広い立場で仮・偽についてまで言及していること、阿弥陀仏の誓願である〈汝一心正念にして直ちに来れ、我能く護らん〉について、「汝」とは、阿弥陀仏から喚びかけられた「必定の菩薩＝正定聚」であり、「一心」は信心、「正念」は選択本願の行信であると述べていること、などが注目される。

③『浄土文類聚鈔』

次に、『浄土文類聚鈔』では、『大経』の三心（至心・信楽・欲生）を「三心みなこれ大悲回向心なるがゆゑに、清浄真実にして疑蓋雑はることなし。ゆゑに一心なり」と結んだ後に二河譬の解釈が続く[14]。善導「散善義」から、「西の岸の上に人ありて喚ばひていはく、〈なんぢ一心に正念にしてただちに来れ、われよくなんぢを護らん。すべて水火の難に堕せんことを畏れざれ〉」と。また「〈中間の白道〉といふは、すなはち貪瞋煩悩のなかに、よく清浄願往生の心を生ぜしむるに喩ふ[15]。仰いで釈迦の発遣を蒙り、また弥陀の招喚したまふによりて、水火二河を顧みず、かの願力の道に乗ず[16]」を引用して、善導の「能生清浄願心」を「凡夫自力の心にあらず、大悲回向の心」と示し、「一心正念」の「正念」は称名・念仏であり、

「一心」は「信心・深心・堅固深心……金剛心……」と転釈している。

さらに『大経』と『観経』の三心の一異を問うて、両経の三心は一であり、「散善義」回向発願心釈の「この心深信せることなほ金剛のごとし[17]」を引いて、「一心はこれ信心なり、専念はすなはち正業なり。一心のなかに至誠・回向の二心を摂在せり」と『観経』の三心は一心（深心）におさまると述べている。

④『一念多念文意』

さらに、『一念多念文意』では、

「凡夫」といふは、無明煩悩われらが身にみちみちて、欲もおほく、いかり、はらだち、そねみ、ねたむこころおほくひまなくして、臨終の一念にいたるまで、とどまらず、きえず、たえずと、水火二河のたとへにあらはれたり。かかるあさましきわれら、願力の白道を一分二分やうやうづつあゆみゆけば、無礙光仏のひかりの御こころにをさめとりたまふがゆゑに、かならず安楽浄土へいたれば、弥陀如来とおなじく、かの正覚の華に化生して大般涅槃のさとりをひらかしむるをむねとせしむべしとなり。これを「致使凡夫念即生」と申すなり。二河のたとへに、「一分二分ゆく」といふは、一年二年すぎゆくにたとへたるなり。諸仏出世の直説、如来成道の素懐は、凡夫は弥陀の本願を念ぜしめて即生するをむねとすべしとなり[18]。

と、善導『法事讃』の「致使凡夫念即生」を解釈して、「凡夫」は無明煩悩が身に満ち、臨終までとどまることなく消えないことは二河譬に示されてある通りで、そのようなあさましいわれらも、願力の白道を歩む身となれば、阿弥陀仏の心光に摂め取られて正定聚の位に就いているので、必ず浄土に生まれて大般涅槃のさとりを得るという。

⑤『高僧和讃』

また『高僧和讃』には、

善導大師証をこひ　定散二心をひるがへし　貪瞋二河の譬喩をとき　弘願の信心守護せしむ(19)

と、「善導が、十方諸仏の証明を請うて『観経疏』を著し、定善・散善の心を翻して、二河譬を説いて、弘願の信心を守護された」と親鸞は詠っている。

⑥『消息』

最後に『消息』では、第三十三通では、晩年の親鸞が、関東の門弟の間において異義が惹起する中で、『唯信鈔』・『後世物語聞書』・『自力他力事』の内容とともに、二河譬の譬えを、各地の人びとに写与していた事実が確認される。しかし、「力を尽して書き送ったのに、親鸞を「偏頗あるもの（えこひいきする者）」と言う噂が出るほどに、教えに対する正しい理解やそれを伝える自らへの信頼が得られていないのは、実に心の痛むところである」と述べている(20)。

第十三通は、門弟である慶信の質問状に、親鸞が直接、加筆訂正を施し、余白に簡単な返事を書き入れて、手紙を仲介した蓮位の添え状とともに送り返したものである。蓮位の添え状には、慶信の父・覚信房が、「死ぬほどの思い病気なら、帰っても死に、ここにとどまっても死ぬでしょう。……どうせ同じことであれば、命を終えるのなら聖人のもとで終えたいと思ってやってきました」といって、病気を押して親鸞のもとへ上洛し、往生の素懐を遂げたことが、感慨を込めて記されている。[21] 二河譬の三定死を彷彿とさせる内容であり、死を前に恐れもたじろぎもせず、二尊の意に従って白道を歩んだ念仏者の姿がそこにある。

第三十三通は、二河譬などで示される教えが関東の人びとに受け入れられていない状況を歎く消息であるが、第十三通は、二河譬に描かれた三定死になぞらえて、晩年の覚信房の力強い念仏者としての姿が描かれている。いずれにしても二河譬は、真実の念仏者のあり方を表わしている譬喩であったといえる。

続いて、特に親鸞が、二河譬をどのように受け止めたのかということを、「白道四、五寸」、ならびに善導の「能生清浄願往生心」という釈文、「なんぢ一心に正念にしてただちに来れ、われよくなんぢを護らん」の解釈、ならびに歴史的背景について、考察したい。

「中間の白道四、五寸」ならびに「能生清浄願往生心」について

善導は、合法において、水火二河の交わる中間に西の岸へと延びている、わずか四、五寸の道幅の白道を、「願力の道」と解釈していた。「中間の白道四、五寸」を「衆生の貪瞋煩悩のなかに、よく清浄の願往生心を生ずる」と解釈した。

親鸞は、「信巻」で「白道」を、「白」は「選択摂取の白業・往相回向の浄業（＝南無阿弥陀仏）」といい、「白道」を「本願一実の直道」「大般涅槃の大道」と示した。念仏（南無阿弥陀仏）は、阿弥陀仏が生死に迷う者を清らかなさとりの境界に入らせるために、本願において選び取り、衆生に回向した大道と示して、善導大師の「願力の道」を深めている。

また親鸞は善導の釈文「能生清浄願往生心」を、「よく清浄願往生の心を生ぜしむるに喩ふ」と訓み、「信巻」、『文類聚鈔』、『愚禿鈔』では、本願力回向の金剛の信心（信楽・深信）と理解した。凡夫の自力の心ではなく、如来の喚び声として彼岸からこの貪瞋煩悩の世界に届いた願いであるから、これを聞き受けるところにともなう信心は、決して壊れることのない金剛の心と喩えられる。

白道（＝南無阿弥陀仏）が、阿弥陀仏の願力とも、清らかな信心とも語られるのは、白道とは、煩悩のただ中に届いてはたらく南無阿弥陀仏のことであり、この念仏を如来の側からいえば、「必ず救う」と喚ぶ「本願招喚のひびくすがた」であり、私の側からいえば、阿弥陀仏の招喚の声を聞いて、往生は確かであると信順する信心のすがたであるからである。「願力」といっても、「信心」といっても、南無阿弥陀仏のほかにはないことを表わしているのが白道である。

白道の「四、五寸」について、「衆生の四大五陰に喩ふるなり」（「信巻」）、「四の言は四大、毒蛇に喩ふるなり。五の言は五陰、悪獣に喩ふるなり」（『愚禿鈔』）と、「四」は、四大（一切の物質を構成する四大元素である地・水・火・風）、「五」は五陰（すべての存在は、色・受・想・行・色の要素が仮に和合したものとする）と示されていたが、毒蛇・悪獣のような身心を場として、南無阿弥陀仏のはたらきの場はあることを表わす。

『一念多念文意』に示されていたように、「凡夫」は臨終の一念にいたるまで、無明煩悩が止まらず消えることなく、そのような者に開かれた「願力の白道」を歩む者は、煩悩を抱えた身のままで阿弥陀仏の摂取の光益に包まれ、必ず浄土に往生し成仏することの定まった正定聚の位の身となる。水火の河の広さ「百歩」を、『愚禿鈔』で「人寿百歳」と解釈したのは、死ぬまで貪欲・瞋恚の煩悩は消えないことを意味する。

親鸞の「信巻」と『愚禿鈔』の「白道四五寸」の解釈をつきあわせると次のようになる。
白道……本願一実の大道、如来より回向された南無阿弥陀仏
白路……聖道門の自力の諸善万行、浄土門内の自力の法門である要門、真門
黒路……小乗の証果や人、天の善果を願って修している利己的な煩悩のまじった善
黒道……無明煩悩から引き起こされた悪の行為。迷いの境界を流転していくこと
ここから、「白道・白路・黒路・黒道」の分類によって、その考察の配意が、仮・偽の教えにまでその範囲が及んでおり、表出の内容が拡がっていることに気づかされる。なお、旅人が、水火二河の中間に白道があることを見た時に、「きわめて狭小なり、二岸相去ること近しといえども、何によってか行くべき」といって渡ることをためらっているが、これは白道を白路と誤解したもので、如来よりたまわった道であることに気がつかないために、疑い、おびえ、ためらって、三定死の絶望におちいっていくあり様を白路という。

六　「汝一心正念直来／我能護汝」の句について

この句は、東の岸で釈尊が発遣することに対して、阿弥陀仏が西の岸から大悲の心をもって招喚する声である。

善導は、「極楽の宝国」たる西の岸から「汝一心正念直来／我能護汝（なんぢ一心に正念にしてただちに来れ、われよくなんぢを護らん）」と喚びかける声を「弥陀の願意」と示し、親鸞は『愚禿鈔』で「阿弥陀如来の誓

願」と示した。具体的には、阿弥陀仏の本願（第十八願）を指すものである。親鸞は、さらにその言葉自体を解釈し、この喚び声の一句に救済体系の全体を見ている。

親鸞は『愚禿鈔』で、「汝」「一心」「正念」「直」「来」「我」「能」「護」と逐次解釈する。

親鸞は「汝」を、「必定の菩薩」（龍樹『十住毘婆沙論』「易行品」）、「入正定聚之数」（曇鸞『往生論註』）、「希有人・最勝人・妙好人・好人、上上人・真仏弟子」（善導「散善義」）と示す。「汝」とは、本願文に「十方衆生」と喚ばれている「汝」であり、阿弥陀仏の本願において、救いの決定した正定聚の位にある者である。そのことを、「必ず救う。汝は必定の菩薩である」という喚びかけのうちに信知するのである。

また、「一心」「正念」について、『愚禿鈔』では「「一心」の言は、真実の信心なり。「正念」の言は、選択摂取の本願なり、また第一希有の行なり、金剛不壊の心なり」、『文類聚鈔』では、善導の「能生清浄願往生心」を、凡夫自力の心でなく大悲回向の心と示して、「正念」は称名・念仏であり、「一心」を「信心・深心・堅固深心……金剛心……」と転釈している。本願文でいえば、「至心信楽欲生我国」は「一心」、「乃至十念」が「正念」にあたる。「一心」とは、疑いなく勅命に信順する心である。「正念」とは、仏の名を称える念仏のことである。念仏は阿弥陀仏が本願で選択した行であり、必定の菩薩に恵まれる涅槃の浄土へみちびくはたらきをそなえた希有の行であり、その行のいわれを疑いなく聞く心を金剛不壊の心と示している。要するに、喚びかけのうちに信心と念仏があるということは、「ふたごころなく本願を信じて、称名せよ」という喚び声に応じて衆生の信心と念仏があること、つまり本願力回向の信心と念仏を示すものである。

「直」については、回り道の方便の教えを捨て本願他力の教えに帰すという、諸仏出世の直説を顕わす阿弥陀仏の心であるとしている。諸仏出世の本懐は真実教たる『大経』にあることが示されることによって、諸仏を代表する釈尊と阿弥陀仏の二尊一致の様子がうかがわれる。続く「来」は、釈尊がこの娑婆世界から「去れ」「往け」と発遣する声（教説）に対して、阿弥陀仏が「来たれ」と招喚する声である。「我」は、本願文で「設我得仏……若不生者不取正覚」と衆生の往生を自己のさとりの内容とする阿弥陀仏である。「尽十方無礙光如来」「不可思議光仏」ともいわれる阿弥陀仏は、衆生の貪欲・瞋恚を障りとしない、人間の思慮を超えた光の仏である。

「能」については、願力のすぐれたはたらきは、衆生の煩悩に妨げられることなく能く救うことができるが、願力を疑う者はその救いを享受することはできない。そのさまを「疑心の人」と示している。「護る」という言葉には、本願を信じて念仏する者を摂め取って捨てないという、阿弥陀仏が衆生を救済する意志とはたらきが顕わされている。

このように親鸞の解釈によって、二河譬には、阿弥陀仏の招喚の声・救済意志とはたらきのうちに、信心、念仏、摂取不捨の利益としての正定聚（往生成仏が定まった者）という衆生救済の要素が体系的に表わされていることが顕らかとなっている。

七　宗教的な世界観に昇華された歴史性

この二河譬は、譬喩を形成し譬喩を受容するところの具体的な歴史的背景が、善導・親鸞において共通して存する。

善導においては、「群賊」に象徴される内容は、譬喩冒頭では、「悪獣」に象徴される内容と合わせて「衆生の六根・六識・六塵・五陰・四大」に喩えられるが、東の岸から呼び返す「群賊等」は「別解・別行・悪見人等妄りに見解を説きてたがひにあひ惑乱し、およびみづから罪を造りて退失するに喩ふ」と示されていた。

摂論学派の流れを汲む学僧および慧遠・吉蔵・智顗らの聖道諸師は、念仏を別時意と見、阿弥陀仏の浄土を応土と見、凡夫の往生を認めず、念仏往生説への批判を行っていた。善導はこれに対して、凡夫が称名念仏によって阿弥陀仏の報土に往生するという『観経』理解を示して、「散善義」の二河譬の直前には、問答を設け、仏の教説について解釈や修行の異なる者からの念仏往生に対する論難に対して、自己の素質・能力に適った有縁の行によるべきことを示している(22)。有縁の行とは、善導においては凡夫に適った念仏の行である。「群賊」とは、具体的には、念仏往生の道を歩む者に対して批判を加える聖道の諸師たちが、象徴内容として考えられる。こうした論難を縁として、「有縁の行」たる念仏往生の教えへの確信をもって、二河譬は作られたのである。

一方、親鸞においては、「群賊」とは、「別解・別行・異見・異執・悪見・邪心・定散自力の心」と示されていた。具体的には、法然浄土教に対して論難を加えた、「興福寺奏状」を起筆した貞慶、『摧邪輪』を著した明恵らを代表とする南都北嶺の仏教界の存在である。親鸞の師・法然は『選択集』の中で、「〈一切の別解・別行・異学・異見〉等といふは、これ聖道門の解・行・学・見を指す(23)」と示していた。これを明恵は、『摧邪輪』で「聖道門をもつて群賊に喩える失(24)」とあげて厳しい批判を加えている。法然の門弟である親鸞もまた、そうした背景の中で、この二河譬を受容していると思われる。また、同門内で起こった異義も背景として考えられる。

ただし、親鸞においては、「群賊」に象徴される内容が救済体系の中に昇華されているところに、その特徴がある。『愚禿鈔』で、白道に対して白路を示して、「六度万行、定散なり。これすなはち自力小善の路」とし、方便の教えとして聖道門の教えが統摂されている。さらに、その行業を修する内実たる自力心は、「定散自力の心」と示され、みずからのうちにある自力心こそ、最大の障害と見ているのである。歴史性が自力心として、壮大な救済論の中に組み込まれているところに、親鸞の「二河譬」理解の一つの特質があるといえる。

八　おわりに

以上、二河譬を「語られた宗教的信」とみなして、その機能についてうかがった。カウンセリングの場面でのクライエントの語りは、自己の心身の問題や日常における悩みの解決や自己実現がはかられ、あくまで、自己の範囲にとどまる。一方で、「語られた宗教的信」には、それに接するものを喚起、つまり宗教的な目覚めを与える機能を持っていると考えられる。その一例として、親鸞の受容のあり方を見た。連続無窮にこれに接する者に宗教的信を生じさせていくことになる。

註

（1）　森岡正芳「いまなぜナラティヴ？　大きな物語・小さな物語」（森岡正芳編『ナラティヴと心理療法』金剛出版、

二〇〇八年）。
（2）高橋規子「ナラティブセラピー：セラピーの最前線」（同前）。
（3）『浄土真宗聖典　七祖篇』註釈版（以下、『七祖註釈版』）四六六～四七〇頁、『浄土真宗聖典　七祖篇』原典版（以下、『七祖原典版』）五二八～五三二頁。
（4）梯實圓『白道をゆく――善導大師の生涯と信仰――』永田文昌堂、一九七八年、二五九頁。
（5）『七祖註釈版』三〇〇頁、『七祖原典版』三三九頁。
（6）『浄土真宗聖典　註釈版』（以下、『註釈版』）一一七頁、『浄土真宗聖典　原典版』（以下、『原典版』）一四五頁。
（7）『七祖註釈版』五〇〇頁、『七祖原典版』五六七頁。
（8）『七祖註釈版』三〇一頁、『七祖原典版』三三九頁。
（9）『註釈版』九七頁、『原典版』一二一頁。
（10）『七祖註釈版』四二四頁、『原典版七祖』四七九頁。
（11）松本滋『宗教心理学』東京大学出版会、一九七九年、四二頁。
（12）『註釈版』二四三頁～、『原典版』三〇五頁～。
（13）『註釈版』五三五頁～、『原典版』六七〇頁～。
（14）『註釈版』四九三頁～、『原典版』六二五頁～。
（15）『七祖註釈版』四六七頁、『七祖原典版』五三〇頁。
（16）『七祖註釈版』四六八頁、『七祖原典版』五三一頁。
（17）『七祖註釈版』四六四頁、『七祖原典版』五二六頁。
（18）『註釈版』六九三頁、『原典版』七九一頁。
（19）『註釈版』五九〇頁、『原典版』七一五頁。
（20）『註釈版』七九六頁、『原典版』八七四頁（『御消息集〈広本〉』第十一、『御消息集〈略本〉』第六）。

（21）『註釈版』七六〇頁、『原典版』八四六頁（真蹟および『末灯鈔』十四通）。
（22）『七祖註釈版』四六五頁、『七祖原典版』五二八頁。
（23）『七祖註釈版』一二四八頁、『七祖原典版』一三八七頁。
（24）「鎌倉旧仏教」（日本思想体系巻十五、岩波書店、一九七一年、三七五頁下段）。

禅と浄土の心理学的研究史

李　光　濬

一　はじめに

仏教における人間心理の探求は、煩悩の迷いを転じて悟りを開くという転迷開悟を目的とするものであり、仏菩薩の智慧による綿密な考察が、経典や典籍に展開されている。だから、仏教の心理学的研究は西欧の心理学の体系とは異なる独自の体系を有する。

仏教の心理学的研究は、大きく見て聖・浄二門（聖道門と浄土門）に分けることができ、それは大体、禅と浄土に対応するものである。

第一に仏教の転迷開悟思想に直結するものとして注目すべきは、禅の心理学的研究である。特に生理学的心理学の発達により、禅定すなわち瞑想の生理・心理状態をよりはっきりと把握できるようにアプローチする必要がある。

第二に浄土仏教の理論と実践についての心理学的研究が必要である。特に浄土仏教の「行」とは浄土往生のための修行、証（悟り）への実践であり、それは人間の心理的な過程なのである。

そして最後に仏教の救済行としての心理療法やカウンセリングの研究の問題がある。これらは禅であれ浄土であれ、慈悲と智慧の二つの柱に基づいて衆生済度の次元からなされるべきものであり、また、仏教の原理や行法を利用するものもあることから、両者の関係についての研究が盛んに行われてきており、国際的にも注目されるようになっている。

ここで本稿では、以上の幅広い研究の必要性を念頭に置きつつ、禅と浄土の心理学的研究の流れを中心に簡略に紹介し、考察を加えることにする。

二　禅心理学の研究史

1　禅心理学とは

禅心理学とは、人間と悟りの問題に関して論説した禅思想の内容について、その独自の見解と、現代の心理学的見地からのアプローチによって、禅思想における心理学的問題を現代の心理学的立場から解明するための学際的学問である。したがって、「仏教心理学」が宗教的な心理学としてのより幅広い概念であるのに対して、「禅心理学」は人間を中心とする悟りの心理学的問題に焦点を当てた学問分野だといえよう(1)。

2　禅の概念

(1) 禅とは

禅とは（梵）dhyānaの音の略語で、禅那などとも音写され、静慮、思惟修、棄悪、功徳叢林などと訳されている。心を一つの対象に専注してつまびらかに思惟することをいい、定と慧とが均等なことをいう。禅は大乗・小乗・外道・凡夫のすべてにわたって修められるが、その目的や思惟の対象はそれぞれ異なる。禅およびほかの定を広く禅定といい、あるいは禅は定の一種であるから禅を修めて沈思するのを禅思という。

阿含や部派仏教などで禅を尋伺喜楽などの有無によって四種に分けて四禅とする。色界の四禅天は四禅を修める者が生まれる場所とされ、四禅天に生まれるために修める四禅を定静慮、生まれて先天的に四禅を得るのを生静慮という。

そして、大乗では六波羅蜜あるいは十波羅蜜の一つに禅波羅蜜（禅定波羅蜜、静慮波羅蜜）を数え、菩薩が般若の実智を得、また神通を得るために修めるとする。『菩薩地持経』巻六や『瑜伽師地論』巻四三などには、禅波羅蜜には（1）自性禅（自性静慮ともいい、静慮の自性、すなわち心を一つの対象にとどめる心一境性のこと。また、心の自性を観じることによって得られる禅）、（2）一切禅（一切静慮ともいい、自行化他のすべての法を摂めつくした禅の意）、（3）難禅（難行静慮ともいい、修め難い禅の意で、衆生のためをはかりめぐみを与えるために、禅定の楽しみを捨てて欲界に生まれ、しかもこの禅によって種々の三昧を引き起こし、無上菩提をさとる）、（4）一切門禅（一切門静慮ともいい、門とは出入の意で、すべての禅定がこの四禅を門としてこれから出、これに入るのをいう）、

（5）善人禅（善士静慮ともいい、禅定の楽しみに愛着せず、四無量心とともに起こす禅。すぐれた善根の衆生が修めることからいう）、（6）一切行禅（一切種静慮ともいい、大乗のすべての行を摂めつくしているから一切行という）、（7）除煩悩禅（遂求静慮ともいい、衆生の種々の苦悩を除く禅）、（8）此世他世楽禅（此世他世楽静慮ともいい、衆生に現在・未来のすべての楽しみを得させる禅）、（9）清浄浄禅（清浄静慮ともいい、すべての惑・業を断ちつくし、大菩提の果を得るから清浄といい、これを世間清浄不味不染汚禅から煩悩智障断清浄浄禅までの十種に分ける）の九種の相があるとし、これは菩薩のみの修めるすぐれた禅であるから九種大禅という。

また、『大乗入楞伽経』巻三には、禅を四種禅に分ける。禅定の四種である。「1愚夫所行禅：二乗並みに外道が人無我を知り、苦・無常・不浄の相を観見し遂に無想滅定に至るをいう。2観察義禅：人・法（五蘊にて成立せる仮我の存在と五蘊）の無我と諸法の無性なるを観じ、その他の義理を観ずること漸々に増すをいう。3攀縁真如禅：人法二無我あるとするは虚妄の念で、如実に知らばこの念起らざるをいう。4諸如来禅：仏地に入り法楽を受け諸衆生の為に不思議の所作をなすをいう(2)」。

（2）念仏禅

念仏禅とは、禅定に念仏をあわせ行うもので、古くは仏駄跋陀羅などによって観想念仏を主とした観仏三昧や般舟三昧が修されていた。達磨系の禅者で念仏禅を修した人びとには、五祖弘忍門下の法持・智詵・宣什などがおり、智詵の系統の剣南派の処寂・無相・無住や、南岳承遠などがいる。これらの念仏禅も観想念仏を主としたものと考えられるが、無相は引声念仏を人に授けたといわれる。また承遠は般舟三昧を修したが、その弟子法照は『浄土五会念仏誦経観行儀』（三巻）を著し、五会念仏を修し、五会法師と称された。宜什は『円覚経大疏鈔』（三、下）に南山念仏門禅宗と称され、四川省地方で念仏禅を修していた。

六祖慧能の門下では南陽慧忠が念仏を首唱し、宋代になると、法眼宗の永明延寿は慈愍流の念仏禅を唱え、〔万善同帰集〕などで浄禅一致の説を立て、呉越の忠懿王は永明寺に念仏道場として西方香厳殿を建てた。雲門宗では天衣義懐や弟子の慧林宗本・楊傑などが禅浄兼修の立場をとり、長蘆宗頤も禅浄兼修者で、その著『禅苑清規』で龕前念誦や病僧念誦に阿弥陀仏を十念することや清魂を浄土に薦めることを規定した。元朝以後は中峰明本・天如惟則などが念仏禅を主張し、明代の雲棲袾宏・憨山徳清などの唱道によって、中国の禅界は念仏禅に席巻された(3)。以上のように展開されているのを顧みれば、その歴史的な流れの背景は初期仏教における「観」の概念にまで連関になっているのではないかと思われる。では、観とはなにか。

観とは〈梵〉vipaśyanā の訳語で、毘鉢舎那、毘婆娑那と音写する。智慧によって対境を照見することで、観察ともいう(4)。これは禅・浄両門に同じ概念で使える概念である。

すなわち観は悟境へ通入する道である。観ずる対境を観境、観ずる智慧を観智、観ずる方法を観門、観法という。また観は止（〈梵〉シャマタ śamatha 奢摩他、心を一つの対境に止めて想念を息め心を凝らすこと）に対する語であるが、中道観などの観は止と観とが釣り合っている状態（止観均行）をあらわす捨（〈梵〉ウペークシャー upekṣā）の意味を持つ。また観には禅定（〈梵〉ドヤーナ dhyāna）の意味もあり、このような禅定から出ることを出観、出定というのである(5)。

3　禅の心理学的研究

（1）禅心理学の研究略史

恩田彰の著書によれば、仏教心理学において最も大きな仕事を成し遂げたのは、井上円了（一八五八〜一九一九）である。井上は、仏教心理学を理論的に提示しているが、その著書の中に『禅宗の心理』（一九〇二）がある。[7]

井上以外にも、原坦山は『禅学心性実験録』（一巻）を著し、井上哲次郎の序、荒木義天編で明治四十年刊行した。緒論・無明論・心識論・脳脊異性論・惑病同体論・老婆新説・結論の七章より成る〈心性実験録〉の講義本である。その真髄である具体的心性実験義の全貌はその心識論にあり、無明論はその目標であり、脳脊異性以下の諸論もまたみなこれの証明的立言で、禅を生理学・心理学的に研究した書として先駆をなす古典である。[8] そして近代日本初期の何人かの心理学者が禅心理学を構想した。『勘の研究』（一九三三、一九三八）において禅における悟りと武術における極意に通底する心理を記述した黒田亮（一八九〇〜一九四〇）、禅における心の意味を考察した安宅孝治（一九〇四〜?）などである。佐久間鼎（一八八八〜一九七〇）の『神秘的体験の科学』（一九四八）が出発点となって、後の平井富雄による座禅の脳波研究（一九六〇）がなされ、佐久間を代表とする総合研究『禅の医学的心理学的研究』（一九六一、一九六二）が刊行されており、韓国では李光濬の『禅と相談（カウンセリング）に関する比較研究』が、一九七四年に高麗大学校から刊行されていた。

戦後の禅心理学関係の著作および論文としては、目幸黙僊、秋重義治がそれぞれ、禅の心理学を論じている。そして、その後、駒澤大学を中心に禅の心理学的研究が行われており、一九九四年に出版された李光濬の『カウンセリングにおける禅心理学的研究』では、禅心理学的観点から治療心理学的カウンセリングが論じられている。[9]そして英語圏での禅仏教の側からの心理学との関わりについては、鈴木大拙の一連の著作が見られる。[10]また、近年では、西洋の深層心理学との対話や総合を目指す文献[11]が次から次へと出版されている。[12]

(2) 心理科学的研究

井上円了は、『禅宗の心理』の中で「坐禅には、調身、調心の二法がある。調身の法によって、身体を安定にし、調心の法によって心を寂静にすることができる、そして、禅は調身、調心によって、心性の本分を開発する」という。[13]この心性の本分は、仏性すなわち真の自己のことである。元良勇次郎は、一九〇五年ローマにおいて開催された第七回国際心理学会議で発表したものを「東洋哲学に於ける自我の観念」としてまとめ、この中で禅心理学を発表している。[14]

入谷智定は『禅の心理的研究』（一九二〇）において、禅の語録や質問紙法によって、禅の見性悟道を中心として、それに先行する心身の条件やその変化について究明している。[15]これはのちの禅の心理学的研究の発展の方向を示している。佐久間鼎は『神秘的体験の科学』（一九四八）の中で、黙照体験すなわち禅定における脳波的研究によってその生理的心理的過程が客観的に究明されることを示唆している。[16]のちに精神医学の平井富雄が、この佐久間の予見に影響を受けて、坐禅によって脳波が変化すること、すなわち意識が変わることを実証した。[17]この研究はのちの「禅の医学的心理学的研究」の先導的研究となっている。

また佐久間は、意識の起点となり、基調となるものを「基調的意識」と名づけている[18]。

このような状況において、一九六一～六二（昭和三十六～七）年、佐久間を代表として文部省科学研究費による総合研究「禅の医学的心理学的研究」が行われた。これは日本のみならず世界ではじめての禅の本格的な科学的総合研究であった。この時期に前後して、この総合研究の分担研究者であり禅を広い立場から研究していた佐藤幸治は、特に臨済禅の立場から、悟り・見性の心理を中心として研究していた[19]。これに対して秋重義治は、曹洞禅の立場から、一連の調身・調息・調心に関する心理学的研究を発表し、坐禅を中心とする禅の生理学的心理学的研究に多大な成果をあげている[20]。佐藤と秋重の業績は、国際的に高く評価されている。

平井の脳波的研究によると、禅定中の脳波はα波、θ波が現れ、それが恒常化し、安定化する。しかしクリック音を聞かせると、α派やθ波がβ波（活動波）に変わり、一、二秒後に元の波型に戻るという。これは、禅定では外的刺激に対する慣れが生じず、いつも刺激に対して生き生きとした反応をしていることを示している。しかもすぐに元の安静の状態に戻るということである。恩田彰も平井とともに「禅の医学的心理学的研究」に参加し、みずから参禅し、その体験に基づき、禅と創造性の関係について研究している[21・22]。すなわち禅の悟りと創造過程との比較研究によると、創造的思考の過程には、思考↓注意集中↓瞑想の連続性が認められる。その際、注意集中↓瞑想の過程から、禅では悟りが、創造過程ではアイデア、イメージや直観が生ずる。すなわち自己と対象とが対立していたのが、主客が一つとなった意識状態となり、新しい見方が出てくるのである[23]。

（3）心理哲学的研究

ここでは、鈴木大拙における禅の心理の記述を中心に、佐藤幸治の論文「禅と心理学」（昭和三十四）から探ってみたい。

佐藤は禅の体験の中核である「悟り」が獲得される典型的な過程がどのようなものかを、大拙の『禅問答と悟り』から二十ばかりの例をあげて説明を重ねており、興味深いケースも少なくないが、ここには心理学的考察の手引きとなるその要約だけを掲げよう。

「苟も悟りといふものが出て来る迄には、大小に拘らず高度の心力集中がなくてはならぬ。悟りに出るまでには、心の鏡といふか、或は意識の野といふか、それが徹底的に払拭せられて、何等雑念の塵がかからぬやうにならねばならぬ。それからこの清浄の状態が初めは意識して出たのではあるが、一旦清浄の境界が出て来ると、それが自分の力ではどうともできないやうな状態になる。その心持を喩へるといふと、水晶の宮殿に居るやうであって如何にも透き通って心持よく清々とした感じがする。といふことは今挙げた二三の例によっても明らかであると思ふ。併しながらこれが悟りの状態ではなくして、悟りに到るべき必然の心理的過程の一つである。之を所謂大疑の状態といふのである。併しこの大疑の状態に停滞して居ては、悟りといふものではないのである。この浄洒洒の意識の鏡が一度破壊せられなければならぬ。これが一転機を生ずる時に　そこに悟りといふ経験があるのである。爆発といふ方が最もよくその体験の心持を言ひ表はし得ると思ふがこの爆発によって今迄の意識の集中状態が転化する。

この集中態の連続が必ずしも一日中とか或は五日、六日といふやうに、長い時間の経過がなくてもいいのである。それが或る場合に於いては一、二分或は一、二秒といってもいい位なこともあるらしい。ただお経に書いてある如く所謂時節因縁でその機が熟して来ると爆発に先立つ心力集中の時間は必ずしも長きを要しないともいへる。」

そして『禅と念仏の心理学的基礎』では、公案発生前の禅的修行の技術、公案の発生とその意義などから称名念仏の心理などにまで及んで、それらに通ずる心理的基礎を考察している。特に称名念仏が念仏三昧において禅の三昧に比すべき心理態に導くことに注意している。[24]以上のように鈴木大拙は、禅を始めとする浄土思想にまで彼の仏教に関する該博な実践的知識に心理哲学的解釈を加えること（実践とそれに従う多くの著作）によって、西欧の心理学者にまで関心を持つよう呼びかけていたのである。

（4）欧米における研究

①ユング心理学と禅

ユングの分析的心理学の立場の根本は「集合的無意識」とその内容たる「諸原型」との理論に存するといわれる。[25]

それはすべて人間の心には集合的無意識の層があるに違いなく、そこでは予め同じ姿にかたちづくられている、原型が活動している、あるいは少なくともそこには、あらゆる知覚を一定の様式に秩序づける『集合的な力』すなわち一つの個体だけでなく同時に多くの個体を特色づける力が存在している、というのである。

「集合的無意識」というものをユングは「無意識の暗い海」と特色づけているが、禅では「八識頼耶の暗窟」といわれる。それは坐禅において通常の意識や表象が払拭され、あるいは同じことであるが、内に摂められていったところで事実現れてくる境地である。

しかしながら、ここにおいてユングの分析的心理学の立場と禅との相違が現れてくる。すなわち、ユングにおいては「集合的無意識」は直接には決して経験されないものであるのに対して、禅ではそれは「八識頼耶の暗窟」とか「無始劫来生死の本」として直接に経験され得るのである。

禅では「八識頼耶の暗窟」が直接に経験されるがゆえに、それが転ずることが可能となり「見性」として実現され得るのである。「集合的意識」を根本とし「自己」とするユングの分析的心理学の立場は、「学道之人真を識らざるは、只従前識神を認るが為なり。無量劫来生死の本、癡人喚んで本来人と作す」という立場である。(26)

また、Carl G. Jungは、第二次大戦前、鈴木大拙の一著作の独訳にかなり長い序文を書き、忽滑谷快天の著書などにもふれながら、禅の開悟をMeister Eckhardtの体験などと対照して、かなり詳細に論じている。Jungが禅を高く評価していることは次の言葉でもわかる。

禅は東洋に於いて全体になること（Ganzwerdung）がどんな意義をもつものであるかを示してゐる。禅の謎を解くことに従事すると云ふことは恐らく小心なヨーロッパ人の背骨を強くし或はその心の近視性に眼鏡をかけ、彼が隠れている『陰鬱な壁穴』から覗き出して、少なくともそれ迄霧のかかってゐた心的経験の一世界への展望を楽しむことが出来るやうにするであらう。悪い結果になることは決してあるまい。……余りに驚愕したものは「自己暗示」と云ふ親切な観念をたよりにして其れ以上の破滅を免がれ得るであらう。又凡有る重大事に対して効果的に自らを防ぎ得るであらう。しかし注意の深い興味をもつ読者に対しては、東洋の精神性を低く評価したり、禅の背後に何らか安易なものがあるなどといふ想像をせぬように警告したい。西洋に於いて熱心に育てられた東洋の思想財に対して文字のままでこれを信ずることは、この場合、危険が少ない。禅には幸にも印度に於ける程不可思議な言葉がないからである。又心理的に思考する欧州人に、結局その精神を摑み得、吸ひ取り得ると云ふ偽りの希望を抱かせて欺くやうな複雑なハタヨーガ的の技巧は禅の預かり知らぬところである。これに反して禅は現実的ならんとする（Wirklichwerden）すべての偉大なるものの如く叡智と意力とを要求するのである。(27)

以上の引用文はユングの仏教に関して言及したうちの若干のものにすぎないが、このようなユングの禅心理学的視点は、心理学の研究者らには禅心理学を理解するための多くの参考になり得るだろう。もちろんより詳しい禅思想の研究が必要ではあるが、それは禅の心理的深さとユング心理学的深さとの関係にあるだろう。

②エーリッヒ・フロムと禅

エーリッヒ・フロム（Erich Fromm）も夙に禅に興味を有し、鈴木大拙の著作により、コロンビア（Columbia）大学の講義などで禅の研究を進めていたが、一九五七年夏、メキシコ（Mexico）に禅仏教と精神分析に関する研究会を開催し、その際の鈴木およびその助手デ・マルティノ（De Martino）の講演ならびに氏自身の講演を増補したものを一冊の本として出版し、それは『禅と精神分析』という本として翻訳されている。

このうち、フロムの理解によれば、禅の本質はサトリを得ることにあるという。その目標は自己の本性を見ることであり、束縛から自由への道を得ることであり、自己の本性にあるすべての創造的な慈悲深い衝動を発現させ、狂気や不具になることを防ぎ、幸福と愛への能力を発揮させることである。サトリを得れば心は今までになく平和になり、喜びに充ち、若々しくなり、世界もずっと美しく見えてくる。しかも全人格は世界に開かれ、現実に十分に目覚めている状態である。

フロムは精神分析と禅との近似性を論ずるにあたり、その周辺的なものから始めている。第一は両者共、倫理を超えるものを目指しているが、いずれも貪欲と慢心と癡とを離れ、謙虚と愛と慈悲とを身につけるのでなければ、その目標を実現することができないという点で共通している。第二は両者共、いかなる権威からも独立することを求める点である。第三は学人を窮境に追い込む点である。禅では公案を用いてこれを行うが、精神分析において合理化（rationalization）を一つ一つ剝ぎとるのも、これと同じ教育法である。精神分析の最も中心的なものは、無意識を意識化し抑圧をなくするということであり、世界をそのままに直接、全幅的に把握し得るようにするということである。(28)

以上のようなフロムの論調は、おそらくは西洋へ伝えられた禅書に接してから、自分の該博な精神分析学的見解として理解したものと考えられる。しかし、『禅と精神分析』における彼の論調を見ると、禅思想についての理解の面ではやや理解しにくい部分もあるのである。

そのような問題は、専門禅学者ではない限り理解できないことであり、それよりは禅思想を心理学的に理解し表現できる彼の実力を、禅心理学を研究する研究者は学ぶことではないかと思われる。

三　浄土心理学の研究史

1　浄土心理学とは

浄土心理学とは、浄土志向の心理学的研究を行う学問である。浄土教は浄土を志向する。その志向する世界は此方浄土説と他方浄土説とがあるが、そのいずれも心理的な問題から追究される。例えば、「信」の問題から「回心」「祈禱」「念仏」「観仏」の問題まで、それらは心の問題なのであり、ないしは浄土思想に依拠した衆生救済のための現代における心理カウンセリング問題に至るまで、浄土心理学の研究問題は大きな研究課題になっているのである。そして、浄土仏教における心理治療的な問題は浄土心理学の実践的な分野の一つである。(29)

2　浄土の概念

(1) 浄土とは

辞典によると、浄土（穢土）とは、仏の住む場所は悟りによってかたちづくられていてきよらかであるから、浄土、浄刹、浄界、浄国などといい、衆生が住む場所は煩悩でけがれているから穢土、穢国などという。大乗仏教では涅槃に積極的なはたらきを認めて、涅槃を得た無数の仏がそれぞれに無数の衆生を教え導くとするので、その仏の住む国としての浄土を説く。維摩経巻上「仏国品」には、心がきよまれば住む世界もきよまる（心浄土浄）といい、悟りを開けばこの娑婆世界が浄土となる（娑婆即寂光）とする。法華経の霊山浄土、華厳経の蓮華蔵世界、大乗密厳経の密厳浄土などは、この説に類する。

また無量寿経などには、娑婆世界以外に現に存在し、あるいは未来に建設される浄土があるとし、これらは菩薩が本願によって構想し、永い修行を経て仏になるとき完成する国土で、そこに生まれたいと願うものを生まれさせるとする。他方にある浄土には、阿弥陀仏の西方極楽世界、阿閦仏の東方妙喜世界、釈迦仏の西方無勝世界、薬師仏の東方浄瑠璃世界などがあり、これら諸仏の浄土は、娑婆世界からそれぞれの方角にあたっているので、十方浄土という。

極楽世界とは須摩提〈梵〉スカーヴァティーSukhāvatī の訳で、妙楽、安楽、安養、楽那などともいう。この浄土が菩薩の修めた因行の報としてできた報土か、あるいは仏が衆生を救うてだてとして仮に現した応化土か、また西にあたって十万億土をこえた彼方に実在するのか、それとも衆生の心の中にあるのかなどについては、諸説がある。[30]

(2) 念仏三昧

念仏三昧とは一心に仏の功徳・相好を観ずること（観想・観仏に同じ）、あるいは一心に仏名を称えること（称名念仏）である。また、禅浄三昧の中で仏身を見たてまつること（見仏）、あるいは仏身が現前することも意味する。『坐禅三昧経』に〝是の如きの人等に当に一心に念仏三昧することを教ゆべし〟（大正一五巻　二七六上）とあり、『観無量寿経』に〝此の事を見るとは、即ち十方の一切諸仏を見る、諸仏を見るを以ての故に念仏三昧と名づく〟（大正一二巻　三四三中）とある。[31]
念仏三昧の異称で念弥陀三昧がある。具さに念阿弥陀仏三昧と称し、もと般舟三昧経により善導の観念法門に唱導せる所である。すなわち観念法門に、「般舟三昧経に説くが如し、仏、跋陀和菩薩に告ぐ、是の念仏三昧中に於て四事の供養あり、飲食・衣服・臥具・湯薬なり、其れを助けて歓喜す、過去の諸仏は是の念阿弥陀仏三昧を持し、四事をもて助けて歓喜し皆成仏を得たり、現在十方の諸仏も亦この念仏三昧を持し、四事をもて助けて歓喜し皆作仏を得たり、未来の諸仏も亦この念仏三昧を持し、四事をもて助けて歓喜して皆作仏を得ん」というのである[32]。

3　浄土の心理学的研究

(1) 浄土心理学の研究略史

第一に、浄土心理学の研究は竹中信常の論文「浄土教心理学[33]」がある。ここでは念仏の神秘主義、見仏の心理、観経の心理像、二河白道の構図、選択の心理などについて論じている。

第二に浄土教の精神療法としては岸本鎌一が夙に『東海仏教[34]』に昭和四十七年十一月より「仏教と精神療法」と題して六回のシリーズで臨床次元から論ずるうちに親鸞教と法然教を中心に論じている。そして著作として『人間回復の道――仏教と精神医学――』（弥生書房、八四頁）を出している。第三に、禅と浄土仏教に関する心理学的研究としては恩田彰の著作と論文が多く見えている。第四に西光義敞は「浄土仏教と心理学・心理療法」を始めとする浄土とカウンセリングに関する論文を継続的に発表している。そして編著に『親鸞とカウンセリング』（永田文昌堂、一九九六）と『入門真宗カウンセリング』（札幌カウンセリング研究会、二〇〇一）がある。さらに第五に、念仏禅に関するものとしては石田充之が『親鸞教学の基礎的研究（三）』（永田文昌堂、一九八九）で「真宗と禅」（一六三～二〇三頁）について論じている。そのほかにも念仏の心理学など様々なものが稀にある。また浄土心理学に関する研究のため、龍谷大学仏教文化研究所では二〇〇七年から浄土心理学研究会を設けている。

(2) 竹中信常の研究

第一に竹中信常は浄土教心理学において次のように五つの浄土心理学的研究問題をあげ、論じている。

①念仏の神秘主義

仏教が宗教であり得る一つの重要な視点は「念仏」ということにある。神秘主義とは神的実在との合一の状態であるという点で念仏は神秘主義としての性格をあらわす第一条件である。ゆえに仏教の目標が「成仏」を目的とする以上、仏教の実践はまず念仏において始められなければならない。仏は念仏において衆生の機に応じてあらわれるとともに、念仏者はみずからの行として念仏実践において仏を体験する。かくして念仏は仏と衆生との直接的なつながりを形成させる。そして念仏による神秘体験は三昧発得、つまり見仏によって具体的に完成する。[35] このようにして、ただみずからの体験によってのみ仏との相即を直観できることになる。禅の意味でも念仏の意味でもまったく同じ意味での言語慮謀を絶した神秘体験なのである。

②見仏の心理

宗教信仰の究極的意識は神と人間の合一の境地において完成する。見仏は念仏の一形態と見ることも可能であり、特に後世にあっては見仏は念仏を必須条件とし、念仏三昧は見仏において完成の証果を見、般舟三昧経を始め、多くの経典、論書にして念仏を説くもののの、ほとんどすべてにこれが見られる。特に、般舟三昧経は見仏を論ずるにおいて不可欠の経典で、見仏に至る階梯として、布施、持戒、忍辱、精進、一心智慧、度脱智慧などを具足し、浄眼を得て三昧に入ることを説いているのである(36)。

③観経の心理像

観経についての善導の観経疏は浄土宗開創の基となったといわれる。実に善導は大経から観経を見、大経の第十八願の実動として観経をとらえ、その方向性を逆に上向線に求め、称→念→観へと辿ったのである。経典学的にいうならば、善導においては定善十三観は散善三観の前方便として、廃立のための観法とされたのである。つまり「偏為凡夫」という根本テーゼが善導の観経観を支配していたのであり、それゆえにこそ、観経を以て凡夫往生の教えを説く浄土教至重の経典としたのである。この「偏為凡夫」という根本テーゼが方に観経心理学の要点なのである(37)。

特に観経における実質的な心理学的意味は「観」ということに置かれていると見られる。観とは本質の直観であり、それは深層心理学的には無意識の意識化である(38)という見地から見ると、実にこれこそ禅と浄土の心理学的同一性を論ずることができる処であると思われる。

④二河白道の構図

二河白道は善導の観経疏の散善義に説かれる譬喩譚である。その観経疏に「一切行者　行住坐臥　三業所修　無間昼夜時節　常作此想　……」とあるように、念仏行者の心的態度を律したもので、特に「常にこの想を作す」という点に浄土心理学的色彩が漂っているのが見られる。そしてこれが二河白道で構成され、行者一人一人がこれを踏み渡ってゆくのである。つまり善導の示す念仏者の心的態度がそのままに空間的・感覚的に行為化されるのである。こうした含意と図柄とを持つ二河白道の譬喩は五つのピークを以て形成されている。

第一に宗教生活あるいはひろく人生を旅にたとえている。

第二にこの旅人を追う群賊悪獣とは人間の六根六識等を外在的に投射したものであり、このことは同時に水火の二河が貪愛と瞋憎を立体的にあらわしているのと軌を一つにする。

第三にその旅人が前途に「忽然」と二河を見るという。

第四に東岸に聞こえた釈迦発遣の声と西岸より聞こえてきた弥陀招喚の声とは、ともに第二人称「汝」で呼びかけている。ここでこの二人称「汝」が意味するのは「信仰の個性化」であり、主体的体験としての第三者の介入を許さぬものである。

第五に二河白道を行く。「行く」とは、それが文字通り行動であり、浄土往生の実践行にほかならない。[39]

⑤選択の心理

ここにいう「選択」とは、法然上人がその著『選択本願念仏集』において行った選択を意味するものである。つまり、ここで扱う選択は、あくまでも罪業意識に沈淪する人間法然の主体的選択をいうものである。「信仰とは選択」なのであり、選択行為を通じてのみ真実の信仰が確立せられる。この意味で「選択本願念仏集」は、浄土往生という宗教的目的を達成するための宗教的方法論としての性格を強く打ち出しているのである。[40]

以上のような選択は、結局は浄土往生ができることもできないことも、自分自身の意気込みのいかんに従うことであるのを示しているのであると思われる。

（3）岸本鎌一の研究

次に岸本鎌一の浄土心理学的理論を背景とした精神療法論を探ってみることにする。

①親鸞教

まず、第一に親鸞の思想の中、治療的意味を探ってみると、親鸞教においては、一言にしていえば信心の獲得の結果として精神療法的な意味のある現生正定聚、現生不退と心理療法、社会療法、身体療法の意味のある現世利益が得られるとしている。それは大無量寿経に根拠があるものである。大経の上巻においては如来浄土の因果が説かれ、下巻においては衆生往生の因果が説かれている。この大経においてはすなわち衆生往生の因として第十一願、第十七願、第十八願が成就して、正定聚、不退転が説かれ、衆生往生の果としてその第五に自利・利他の徳があげられている。これは精神療法的な意味を持ち、空三昧、無相三昧、無願三昧、不生不滅三昧を修めて声聞、縁覚の地位よりももっと高い地位が得られるといっているのである。

次に釈尊の勧誡として悲化段の三毒、五悪の誡をなし、その終りに釈尊の大悲として現世利益が説かれている。そして最後の流通分に開経得益として無上正覚を起こすという精神的利益を述べている。ここで親鸞は、正定聚の利益と邪定聚、不定聚の利益を述べているようである。まず、正定聚の利益として、我々は本願を信受して金剛の信心が得られると彼土ではなく此土において自力の迷情が破られて往生すべき身と定まる。すなわち現生正定聚が得られる。そして如来等同となるという。これは正しく精神療法の最たるものである。そしてこの現生正定聚の精神療法の副産物として、種々の身体療法、心理療法などとしての好結果が得られる。

岸本は、これは親鸞の著作の随所に出ているると見ているのである。

次に邪定聚、不定聚の利益は教行信証の第六巻化身土の巻の本に説かれているものである。これは、大経の第十九願の至心発願の願を中心とした観無量寿経に展開された心理的利益と、第二十願の至心回向の願を中心とした阿弥陀経に展開された心理的利益の問題をあげている。

特に観無量寿経にあげられている心理的利益のうちの定義観について、C. G. Jung(41)は「東洋的瞑想の心理」の中で、ヨーガと同じく秩序と調和の極致である統一性をあらわす超個人的で無意識、すなわち彼のいう普遍的無意識の一種であるといい、深い価値を認めているのである。次に、散善の利益とは乱れた心のままで悪をやめ、善を修めることをいう。これを修めることによって一応心理的利益が得られ、化土に往生することができる。次いで信心を獲得することによって精神的利益が得られ、真実報土に往生することができるというのである。そして精神治療の実践として、岸本は薬物療法とともに患者の真宗信者のため歎異抄を活用して、特に熟読、心読、体読によって多くの治療的な助けになったことを述べている(42)。

②法然教

第二に、岸本鎌一は法然の専修念仏に対しては精神療法的意味を次のようにいう。

法然がどこまでも念仏による信心の獲得をねらっていたことは最後の一枚起請文を見ても明白である。しかし信心が定まり、主体性が確立すること、すなわち臨終往生によって、極楽浄土に生まれることはいうまでもないが、同時に平生業成によって、この現世で、身体的、心理的、社会的次元、特に精神的次元において、自然によい結果がもたらされることは認めておられる。これは正しく精神療法である。

それは『和語燈録』の浄土宗略鈔の文によって明らかである。すなわち、受くべき宿業による病や死はいかんともすることはできない。しかし、念仏を信じることによって、重く受くべき病を軽く受けさせてくださるという。

さて、専修念仏による精神療法、ひいては身体療法、心理療法、社会療法をもあわせて、真正面から述べているのは『選択本願念仏集』第五章の念仏利益の文と第八章浄土安心の文と第十五章の念仏現世利益の文であり、つづいて『和語燈録』『拾遺和語燈録』、さらに西方指南抄、法然上人行状絵図などがある[43]。

ここでいう念仏利益の文とは、無量寿経（下）で説いている文、すなわち「阿弥陀仏の名号を聞くことを得ることありて歓喜踊躍して乃至一念せんに、この人は大利を得たりとなす。則ちこれ無上の功徳を具足す」について法然が注釈を加えたものを指し、浄土安心の文とは念仏行者は必ず三種の心即ち①至誠心、②深心、③廻向発願心の三心を具足すべきの文を指すものである。そして、念仏現世利益の文とは観念法門で説いている文、すなわち「若し男子女人ありて、七日七夜及び一生を尽くして、一心に専ら阿弥陀仏を念じて往生を願ずれば、この人つねに六方恒河沙等の仏、共に来りて護念したまふことを得るが故に護念経と名づく、護念経という意は亦諸々の悪鬼神をして便りと得しめず。また、横病横死、横に厄難あることなく、一切の災障、自然に消散す。不至心を除く。[44]」という文に対して、心理療法的意味があることを論じているのである。

そして『和語燈録』での精神療法的意味を、岸本は弁阿上人の受戒の問題で探っておられるが[45]、事実、人間の神経症の原因が意識と無意識の葛藤、表層無意識と深層無意識との葛藤から始まることを考えてみると、この戒律の問題は、治療心理学的立場ではより専門的に論じてみる必要性があるのである[46]。

（4）鈴木大拙の研究

鈴木大拙（一八七〇〜一九六六）は『日本的霊性』において、霊性（スピリチュアリティ）の情意的展開として浄土思想を捉え、自我の所有と考えられるものを捨てようとも留保しようとも思わず、そのまま仏の大悲に身を任せることをその本質と考えた[47]。鈴木は『禅と念仏の心理学的基礎』において、念仏の心理学的考察に先鞭をつけている。鈴木は念仏の心理的効果について、極度の思考と意志の集中により、意識の表面にある観念や感情を払拭し、信心を獲得する過程であると考えた[48]。鈴木の考察は、実験心理学的手法に基づくものではなく、文献解釈学と彼自身の宗教体験を基盤にしていた。そのため現代心理学において蓄積された知見による再考を要するが、このように〝集中〟という側面から浄土思想の心理学的解釈を展開することは、瞑想の分類が〝集中〟型と〝洞察〟型に分類されている知見に照らしてみても、意義深い先行研究といえよう[49]。

鈴木大拙は『禅と念仏の心理学的基礎』で「念仏は種々の観念や感情を払拭する」と述べているように、念仏は禅の公案と同じように一切の念を消滅させるはたらきがある。禅でいう見性・悟り・成仏というのは、浄土教でいう見仏・往生・三昧発得・安心決定に相当する。悟りとは、自己と対象とが一体化した体験、主客未分の純粋経験としての気づきである[50]。

ここで三昧発得とは、「三昧を発得させしの意で、三昧は定の梵名にして或は正定・正受とも言う。心を凝らして一境に住せしめ、心、安和寂静にして正慧起こり、所観の勝境現前するに至りしを云う。初、思惟の加行によりて思想漸々微細にして覚想倶に亡じ、遂に三昧正受の域に達し、所観の勝境に冥合し、顕現分明に了知することを得るに至りしを三昧発得と云う[51]」。

四　おわりに

以上、小論では、禅と浄土思想に関する心理学的研究の流れ、すなわち禅と浄土思想についての心理学的研究史を中心に簡略に探ってみながら若干のコメントをつけてみた。ここで本稿が意味を持つのは、今まで禅に関する心理学的研究、すなわち禅心理学的関係の論文や著作はそれなりに少なくなかったけれども、浄土心理学関係の論文や著作はいくつかの篇以外、なかなか見つけにくい中で、浄土心理学の研究内容とその研究傾向について探ってみることができたことである。また浄土心理学の研究は、より意味を持って研究すべき分野であるということである。

そして禅心理学であれ浄土心理学であれ、それらは究極的には釈尊の教えに帰らなければならないものとして思想的背景を一つにする。特に心理治療的な場面では、禅も浄土も区別することができなくなることを考えてみると、禅では浄土教の協力を、浄土では禅仏教の協力を必ず必要とするのは、臨床経験者ならだれでも感じることだろう。なぜなら患者さんたちには各様各色の人びとがいるし、心理的にも多種多様であるからである。

ただ一つ、仏教心理学の研究者として一言いうならば、禅であれ浄土であれ、心理学的に研究しながら考えてみると、それは人間の感受性乃至成熟性ひいては仏・菩薩の心理的世界を指向するための心理学であるということである。さらに頑張りたいと思う。

註

（1）拙稿「胎生論についての禅心理学的研究」（種智院大学密教学会『密教学』第四二号、二〇〇六年、六五頁）参照。

（2）総合仏教大辞典編集委員会編『総合仏教大辞典』法藏館、一九八八年、八三九～八四〇頁参照。

（3）禅学大辞典編纂所編『禅学大辞典』大修館書店、一九七八年、一〇〇五頁。

（4）『総合仏教大辞典』二〇九頁。

（5）同前。

（6）恩田彰『禅と創造性』恒星社厚生閣、一九九五年。

（7）村本詔司「鈴木大拙と心理学」（『外大論叢』第五巻、第五五号、神戸外国語大学、二〇〇四年、四七五頁）。

（8）『禅学大辞典』六七五頁。

（9）李光濬『カウンセリングにおける禅心理学的研究』山喜房佛書林、一九九四年。

（10）村本詔司「鈴木大拙と心理学」（『外大論叢』第五五巻、第五号、神戸外国語大学、二〇〇四年）。

（11）Anthony Molino (ed.), The Couch and the Tree: Dialogues in Psychoanalysis and Buddhism, new York: North Point Press, 1998; Polly Young-Eisendrath and Shoji Muramoto, Awakening and Instight: Zen Buddhism and Psychotherapy, East Sussex: Brunner-Routledge, 2002.

（12）村本詔司「ブッダにおける心理学——覚え書き——」（竹貫元勝博士還暦記念論文集刊行会編『禅とその周辺学の研究』永田文昌堂、二〇〇五年、四七四～四七五頁）参照。

（13）井上円了「禅宗の心理」（中野祖応編『甫水論集』博文館、一九〇二年、一四九～一五九頁）。

（14）元良勇次郎著、蛎瀬彦蔵訳「東洋哲学における自我の観念」（『哲学雑誌』二〇、二二一、二二二、二二三、附録、一九〇五年、一～四〇頁）。

（15）入谷智定『禅の心理的研究』心理学研究会、一九二〇年。

（16）佐久間鼎『神秘的体験の科学』光の書房、一九四八年。

（17）平井富雄「坐禅の脳波的研究――集中性緊張解放による脳波変化――」（『精神神経学雑誌』六二号、一九六〇年、七六～一〇五頁）。
（18）佐久間鼎註（16）前掲書、三二一～一一一頁。
（19）佐藤幸治『心理禅』創元社、一九六一年。
（20）秋重義治「禅の心理学」（三枝充悳編『人間論・心理学』講座仏教思想第四巻、理想社、一九七五年、三三七～四一三頁）。
（21）恩田彰『創造性開発の研究』（恒星社厚生閣、一九八〇年）。
（22）恩田彰『禅と創造性』（恒星社厚生閣、一九九五年）。
（23）以上は、恩田彰「仏教と心理学」（『仏教と心理学・心理療法の接点を考える集い』論集、仏教・心理学研究会事務局、一九九九年、九頁）参照。
（24）以上は、佐藤幸治「禅と心理学」（日本心理学会編『心理学研究』第三〇巻第四号、一九五九年四七～四八頁）参照。
（25）久松真一『禅の本質と人間の真理』創文社、一九七七年、四八四頁。
（26）以上は、同前書、四八六～四八七頁参照。
（27）佐藤幸治註（24）、前掲論文、四九頁。
（28）以上は、同前論文、五〇頁。
（29）拙稿「法然教の浄土心理学的一考」（龍谷大学仏教とカウンセリング研究会発表資料、二〇一四年三月二十七日）参照。
（30）『総合仏教大辞典』七三〇～七三一頁。
（31）田上太秀・石井修道『禅の思想辞典』東京書籍、二〇〇八年、四〇二頁。
（32）龍谷大学編『仏教大辞典』冨山房、一九三五年、三七九一頁。

(33) 竹中信常「浄土教心理学」（『大正大学研究紀要』〈文学部・仏教学部〉四九号、大正大学出版部、一九六四年、四三～八五頁）。
(34) 『東海仏教』第十七輯（一九七二年）～第二十三輯（一九七八年）まで六報。
(35) 竹中信常「浄土教心理学」（『大正大学研究紀要』第四九号、一九六四年、四～五頁）。
(36) 同前書、一〇～一三頁。
(37) 同前書、二一頁。
(38) C. G. Jung: Psychology and Religion, West and east, tran. By, R. E. C. Hull, London, 1958, pp. 571~573.
(39) 竹中信常註(35)前掲書、三一～三二頁参照。
(40) 同前書、三三～三四頁参照。
(41) Jung, C. G., Psychologie und Religion, 1943, Rascher, Zurich.
(42) 岸本鎌一「仏教と精神療法」（第一報）（『東海仏教』第十七輯）参照。
(43) 岸本鎌一、「仏教と精神療法」（第三報）（『東海仏教』第十九輯、一九七四年、五～六頁）参照。
(44) 同前書、九頁。
(45) 同前書、一三頁。
(46) 拙稿註(29)資料参照。
(47) 鈴木大拙『日本的霊性　完全版』角川書店、二〇一一年、一四二～一四三頁。
(48) 鈴木大拙『禅と念仏の心理学的基礎』大東出版社、二〇〇〇年。
(49) 井上ウィマラ『呼吸による気づきの教え――パーリ語聖典「アーナーパーナサティ・スッタ」詳解――』佼成出版社、一〇～一一頁。『仏教心理学キーワード辞典』春秋社、二〇一二年、一一五頁。
(50) 『仏教と心理学・心理療法の接点を考える集い』論集、恩田彰の論文、一一頁。
(51) 龍谷大学編『仏教大辞典』一七五五頁。

第二章

真宗と心理学の接点

浄土真宗と人間性心理学の思考様式の問題について

原田哲了

一　はじめに

現代社会という複雑な状況において人間の心のあり方を問う場合、主体性・自己実現・普遍性といった要素についての考察が重要性を増している。そこでは科学と宗教との関係性は単に対立的なものではなく、新たな意味を問い直す場ともなる。ここでは浄土真宗という仏教と人間性心理学における思考のあり方を考えることにより、現代という実践的な場における人間を問う方向性を探るものである。

なお「思考様式」という語に関しては、本来厳密なる定義的考察を加えるべきであるかもしれないが、ここではそれを行っていない。その意味は文脈から汲み取っていただければ幸いである。

二　人間性心理学登場の構造

ここではまずごく簡単にではあるが、人間性心理学という心理学における潮流が、どのようにして現れたかについて触れておく。

心理学の起源についていては、哲学的要素なども含めると、様々な論議があり得るであろう。しかし科学的な近代心理学という観点でいえば、十九世紀半ば以降に始まったといってよいであろう。それは一八七九年ライプツィヒにおけるヴント（一八三二～一九二〇）による心理学実験室開設に象徴されよう。ヴントの基本姿勢は心理学に生理学の手法を導入したものであり、やがて実験心理学と称されるようになるのである。その後、その流れはいくつかの国に波及し、様々な応用心理学が現れるようになる。

その中で、フロイト（一八五六～一九三九）は、何人かの先人の影響を受けながら、人間の行動・意識の背景に「無意識」というものを考え、心の仕組みの解明と治療を目指した。その結果、精神分析学という潮流が生まれていくのである。

また、ゲシュタルト心理学と称される学派は、人間の心を部分や要素の集合として考えるのではなく、全体性としてとらえるという方向性を打ち出した。

さらに、アメリカにおいてワトソン（一八七八～一九五八）は、意識とそれに伴う主観的言語を廃し、行動から客観的に研究する立場を打ち出すようになり、これを行動主義心理学と称するようになる。

こういった流れは、心理学上の「意識・主観・要素」といった問題と、そのアンチテーゼとしての問題がからみあって生じてきたものといえるだろう。

このようにして十九世紀後半から二十世紀初頭・前半にかけての科学的心理学の進展が見られるのであるが、人間の心理について客観的に観察・分析・数量化することへの限界の認識と批判が生じるようになっていく。またフロイト系の精神分析については、心の病理的側面に集中しすぎることへの批判もあった。一九六〇年代になると、物質主義的、そしてある面で機械論的な社会状況に対する反動もあって、新しい潮流の心理学が登場する。それが人間性心理学（ヒューマニスティック心理学）である。

三　人間性心理学について

一九六二年、American association for Humanistic Psychology が設立された（その運動自体は一九五〇年代後半ごろから始まっている）。その際の開会演説はマズロー（一九〇八～一九七〇）が行っている。マズローが、従来の心理学に関して行動主義を第一勢力、精神分析を第二勢力とし、人間性心理学の立場を第三勢力と位置づけたことは有名である。

ここで、一九七二年のビューラー（一八九三～一九七四）、ブーゲンタール（一九一五～二〇〇八）による「人間性心理学会」趣意書などからうかがえる人間性心理学の特徴をあげておく。

まず四点ほど列挙してみると、
①従来の心理学は、外部行動、理論的説明に重点を置きすぎているが、人間の経験をより重視する。
②人間を、機械論的・還元主義的にとらえるのではなく、人間的な部分（創造性、価値定立、自己実現）を

理解する適切な方法を目指す。
③研究問題・手法手続きについて、過度の有意味性に対する忠実、あるいは客観性の第一義性を強調しすぎることへの反対。
④人の尊厳と価値への決定的な関心と尊重、人に内在する可能性および発展への興味。
といったところが見られる。

さらに、「学会は広い意味の科学的方法と提携する。したがって適切な通路・方法、あるいは探索に適する人間機能の重要側面たりうるものに門を開いている。学会は基本的には科学として心理学会に加わっているが、ただ探求の範囲を制限し、人間経験の全体的観察を妨害する哲学的想定を拒否する」、「学会は、既存の学問体系ではほとんど場所をもたない題目の、愛・創造性・自発性・遊び・暖かさ・自己超越・自律・責任・超越的経験・勇気というようなものへの注目を激励する」といった言及も見られるのである[1]。

ここには、人間を科学的把握のみによってとらえない姿勢が見られ、人間を全体としてとらえ、人格的主体に統合し、自覚・自由意志により、その個性を発揮する存在と考えるのである。そこには人間性への信頼が根底にあるといえるであろう。

人間性心理学の初期の代表的人物に、マズロー、ロジャーズ（一九〇二〜一九八七）があるが、簡単ではあるが、それぞれの特徴を見ておく。

マズローの考え方のポイントとしては、欲求階層説や自己実現といったことがあげられるだろう。従来の心理学においては、特定の欲求を満たす欠乏動機に重点が置かれたのに対して、ある種の成長への欲求ともいえる存在動機について考察しているのであり、それが「自己実現」という概念に現れている。「自己実現」という言葉自体は彼以前から使われていたが、マズローは欲求階層説として自己の立場を明らかにするのである。それは、生理的欲求・安全の欲求・所属と愛の欲求・承認の欲求・自己実現の欲求、の五段階からなるものである。これらはいわば物質的欲求から精神的欲求へという方向性を持っているが、自己実現に到達したと考えられる者は、自己忘却的になり他者貢献的な生き方になるとされる。さらに、のちにマズローは、自己実現を十分に達成した者は「至高体験」を経験するとし、その状態を「自己超越」ともしている。こういった「自己超越」の方向性は、のちのトランスパーソナル心理学などとの関係で興味深いものがあるといえよう。

ロジャーズは一九三〇年代に心理療法について学び、臨床の立場から心理学に向かうこととなった。彼のカウンセリングの基本は、その人間観にある。それは人間を「自己実現傾向を持つ個人」と考えることであり、その潜在的人間性に深い信頼を置くというべきものであった。よって、そのカウンセリングは被治療者中心になるのであって、被治療者を「患者（patient）」から「クライエント（client）」と呼ぶように変化するのである。さらにカウンセラーは「非指示的」な態度で臨むことが特徴であり、それはやがて「来談者中心療法」と称されるようになるのである。

またカウンセラーが持つべき基本的態度として、共感的理解・傾聴・無条件の肯定的尊重・純粋性といったことがあげられており、このようなことによって、クライエントを変化させようというのではなくクライエント自身の変化を待つというところに、その特徴がうかがわれるのである。

したがってロジャーズの提唱するようなカウンセリングおよびその研究においては、対象の主観的世界の記述の重要性（現象学との関連）、相互コミットの重要性、事例研究の重要性、などに注意が必要ということになろう。

さらにロジャーズにおいてはエンカウンター・グループの実施も重要である。これはクライエントとはまさに人間であり、個人の成長・発達および人間関係促進を目指す、パーソンセンタード・アプローチと呼ばれる人間尊重の姿勢の一環である。グループによる共感的・受容的コミュニケーションは、自己肯定感を強め人間性の回復に寄与すると考えられるのである。さらにこの方向性は、「個人の治療・成長↓グループ経験↓家族や学級などの集団の人間化↓教育改革・地域の改革・文化的変革」といった流れを持ちうるものであり、社会的・実践的意味合いも大きいと考えられるのである。

四　浄土真宗という仏教

仏教の教えの基本内容は、しばしば四法印（諸行無常・一切皆苦・諸法無我・涅槃寂静）や四諦（苦諦・集諦・滅諦・道諦）といったまとめ方によって示されてきた。そこに示されることは、端的にいえば、存在とはいかなるものであるか（縁起、因縁生）を知り、そこから苦しみ・迷いのあり方を知り、その苦・迷いから解脱することを悟りとする教えである。縁起という存在のあり方と人間存在は苦であるという認識の結合により、苦よりの解脱という超越の道（実践）を探る、という考え方が仏教の基本にあるのである。

このように「縁起」という考え方は、存在における因果関係を示すのであるが、それは一対一関係におさまるものではない。実際にはあらゆる方向に連鎖している。つまり、一切の存在とは原因と結果の「関係性」の中にある、ということであり、ある存在自体で独立、固定した存在（我のある存在）を考えることの誤りであることを示す。ここから「無常・無我（無自性）」という考えが導かれる。存在のあり方の真理は「縁起↓無自性↓空」という図式で表せるが、これは人間の相対的言語・思考表現を超越する方向性を示すものでもある。

この「無常・無我」であることに反するあり方により「我執・我所執（執着）」が生じ、迷い・苦となる。つまり仏教の悟りとは、苦からの解脱のことであるが、それは存在の真実のあり方（諸法実相）をありのままに知る・見る（如実知見）ということと同義であるということができる。

しかし「無常・無我」というあり方を人間が如実に知り得るかというと、例えば概念としては知ったとしても、ありのままに知り得ないのでは、という人間に関する考察が生まれる可能性がある。それが次の親鸞の仏教におけるポイントである。

浄土真宗は、親鸞（一一七三～一二六二）を宗祖とする仏教の一宗派であるが、その浄土教思想は独特の点を持っている。それは阿弥陀仏の本願他力のはたらきによる救済を説くものとしてよく知られるところであるが、重要な要素をなすものとしてその人間観がある。人間の存在性に対する認識の徹底により、自力による解脱という超越の道の不可能性を表す「罪悪深重の凡夫」という人間観に到達するのである。しかもそれは、本願力と表現される阿弥陀仏の大悲のはたらきによりどのような人間であれ救う、という仏の救済の絶対性を思考することによりさらに深められるという構造を持つ。それにより、人間の超越の方向性は浄土往生ということに収斂され、凡夫である平生の人間と阿弥陀仏の本願他力の関係が重要な意味を持つに至る。

このことにより、親鸞においては、阿弥陀仏の本願力の絶対性と人間の凡夫性（人間のあり方の本質）は、基本的にセットで表現される。著作におけるその例は枚挙にいとまがないが、例えば『教行信証』「信巻」冒頭の大信心を表す表現の一つ「易往無人の浄信」（「易往」が本願他力のはたらきを示し、「無人」が衆生の凡夫性を示している）などはその例であろう。絶対的に背反するものが何によって結びつくのか、ということが常に焦点なのであり、善導を引用するものであるが、やはり『教行信証』「信巻」に見える有名な「二種深信」や「二河白道の譬喩」も、阿弥陀仏の本願他力が根底をなす、同一趣向の表現であるといえるのではないだろうか。

これは、人間のあり方が「罪悪深重」として完全否定されるものであると同時に、本願力を根底に置きながらその人間のあり方が肯定されることでもある。「獲信」と「現生正定聚」という教義内容も、この構造によって成立しているということなのである。

この浄土真宗も含めて、多くの宗教は根本的考え方として、人間と真理・超越の関係性を、教義・教典として表現する枠組みを持っている。そして仏教でいえば、教義・経典がいかなるものとして表現され、人はそれをどのように受け取るか、ということに重要な意味がある（浄土真宗的にいうならば、法の伝達ということの意義、ならう・聞くということの意義）。それは、法に触れるという形で、人間の本質を考察し再確認する機会が与えられている、ということなのである。

五　浄土真宗と人間性心理学の思考様式の問題

ここで、以上に述べたことをふまえて、人間の意味と価値の問い直しとそのありようについて、人間性心理学・浄土真宗の双方についてあらためて考えてみたい。その思考様式の意味を問うことになると考えられるからである。

人間性心理学において、ヒューマニスティックであるとはどういうことなのであろうか。それは、人間に起こる諸事象・現象（例えば個々の悩み）を契機としながら、自己の生の意味を体験の中で問い、生肯定ともいうべき本質論へ向かう。この肯定的要素が重視されることが、まさにヒューマニスティックということの意味であろう。

さらにその本質を人間が回復する時に、超越の方向性が考えられる以上、その至高のものの一つとして、例えば宗教体験的要素に近接することは当然想定されるのである（トランスパーソナル、スピリチュアリティなど）。

浄土真宗という仏教においては、仏教的認識論がある意味徹底されることにより「罪悪深重の凡夫」という人間観に達し、阿弥陀仏の本願力他力が根底にある「死と浄土往生におけるさとり」が、一体として表現される。このことにより、平生の人間の生が獲信ということを契機として意味づけられる。いわば否定的人間観が、仏の側の超越を根底にして生の意味が問われる方向へ向かっていると考えられるのである。

このような両者の持つ思考のありようを比較して考えられるのは、両者共に人間の新たなる意味づけの構造を持っているが、否定契機・肯定契機という観点から見れば、一見異なる方向性があるということである。

しかし、例えばマズローにおける欲求階層説が示すことは、全体として肯定的本質論を強く指向するものでありながら、「生きていくうえでの具体的諸事象から本質論へ」という図式になっている以上、心理学上もともと「欠乏欲求」と表現されるごとく「欠乏すること」が思考の契機となっているであろう。つまり人間性心理学の実践的場面に触れるということは、カウンセリングであれ、エンカウンター・グループであれ、人間観における否定的要素が契機になっていることになる、ということでもある。凡夫観という否定契機を持つ浄土真宗と同様の形を持つともいえる。

それでは、人間性心理学おいて想定されるであろう「大いなる自己（個を超越するということ）」に気づくといったことは、「宗教的超越」の問題と比較して、どのように考えられるのだろうか。

超越性と結びつくあり方・意味が明確に示されていることが、浄土真宗も含んだ宗教の特性である。人間性の回復が、超越性に触れるという形で、よりどころとして示されているのである。そしてそれは、個を越えて共有される方向性を強く指示するのである。超越性は人間にとって本来外在であるかもしれないが、いわば「超越性の内在」となることによって、宗教は重要な意味を持つのである。

人間性心理学において超越とは、超越の方向性が人間性の本質に気づき目覚めることであるならば、このことが意識されるかあるいは無意識にそうなっているかにかかわらず、本来内在であろう。

だが双方とも、外的刺激によって内在の意識が惹起されるという意味においては、大きな差異はないと考えられる。ただ意識されるべきは、「法・真理の絶対性と人間という具体性の世界の関係」、「具体的世界から本質の方向へ向かうということ」といった双方に見られる観点を考慮する、ということではないだろうか。同じく人間の意味の問い直しをなすものでありながら、その相違性と共通性は補い合う可能性があるのではないだろうか。

浄土真宗という仏教に示される「超越的絶対性と凡夫性」という図式は、元来構造的にシンプルであるが、その示唆する意味合いにおいては、人間性心理学などにおいても本質的に考慮されるべき要素を持つといえる。

一方で、シンプルである真宗教義があまり表現し得ない要素、例えば具体的世界において人間と人間が対峙するといったこと、を人間性心理学は様々な形で示しているともいえるのである。

であるからこそ、聞法ということを根底にしつつ、法の伝達ということにおいて人間がどのように感じていくのか、その具体的なあらわれである教法表現・対話の意義はどのようなものであるかを、浄土真宗の側も常に問う必要がある。

六　おわりに

現代日本人における「自己の喪失感」のようなものには深刻なところがある。「自分とは何か」ということに容易に答えを見出し得ない。それは価値観の多様化ということがあり、また、例えば科学のもたらす知見が常に人間の実感に相応するとはいえないからである。人間はこの実感ということを回復するということ、いい換えれば意味と価値の問い直しをしていく必要があるのである。ここにおいて、個の内面を振り返るということ、また個を越えて人間が他者と対峙することによって見えてくるものがあることの重要性を、今回のテーマは示唆していると考える。浄土真宗という仏教、そして人間性心理学においては、それぞれ固有のフォルムに関するこだわりを一旦置くならば、実践面においてお互い参考にすべき点もあると思われるのである。

註

（1）黒田正典「人間性心理学の方法論的性格——その狭義と広義について——」（『人間性心理学研究』第一号、一九八三年）参考。

浄土真宗とスピリチュアリティ
——虚無感をいかに克服するか——

藤　能成

一　はじめに——現代人と虚無感——

現代日本の社会は、国際化・情報化の波に洗われる中で、非正規雇用の増加による所得水準の低下、結婚難による単身世帯の増加、少子高齢化、離婚による一人親世帯の増加、所得格差の拡大、貧困率の上昇等、様々な問題に直面し、社会構造が急激な変化を続けている。そして、これらの問題の一つひとつが、個々人の生活基盤を脅かしている現実がある。

このような中で、人々は様々な精神的苦悩に苛まれている。その主なものには、孤立、孤独、不安、不自由さ、虚無感、死への恐怖等がある。なかでも虚無感は解決法がわからず、人々をじわりじわりと苦しめる、自身が「何のために生きているのか」がわからない、人生の目的と意味がわからない苦悩である。心が満たされず、胸の奥底に何を以ってしても埋めることができない空洞を抱えているような感覚である。

多くの人々が虚無感を抱えているのにもかかわらず、虚無感の問題が日常の話題に上ることはあまりない。それは、虚無感の問題を解決し克服する手がかりが、容易には見つからないためである。だから多くの人々にとって虚無感は、克服できるものではなく、「忘れるか、誤魔化すか、諦める」以外にその対処法が見つからないものとなっている。

このような中で、近年注目を集めるようになったのがスピリチュアリティの問題である。本論考では、現代人の心に巣食う虚無感の問題について、スピリチュアリティとの関連において検討し、次に虚無感が生まれる背景について考察する。さらにスピリチュアリティに関する二氏の論考を紹介した上で、仏教、浄土真宗の仏道が虚無感の克服にどう応えうるのかを、スピリチュアリティの観点から考察する。

二　虚無感とその背景

1　虚無感とスピリチュアリティ――目的的・意味的存在としての人間――

人間は自由意思と考える力を持つが故に「目的に向かって生きる存在」、すなわち「目的的存在」である。そのため「目的」を知らず、目的なしに生きることを苦痛と感じる。すなわち人間において「目的なしに生きることは、その存在自体の本来性を逸脱している」ということができる。同時に人間は、「意味づけを求める存在」、すなわち「意味的存在」である。人間は、みずから歩んだ人生の意味に疑問を持つ。体験した出来事、出会った人々、辿ってきた道筋等、一人ひとりの人生は、ほかの人がとって代わることができない独自性・掛け替えのなさを抱いている。だからこそ、一人の人が歩んだ人生の道程は「何故、そうであったのか。そうでなければならなかったのか」という、独自の問いを内包している。その問いへの答えが「人生の意味」である。

人間は生きる「目的と意味」がわからなければ、本当の充実・幸福を感じることができないのではないか。それにもかかわらず現代人の多くは、みずからの人生の「目的と意味」を見つけることができずにいる。何故なら、誰も「人生の目的と意味の見つけ方」を教えてくれないからである。そのような状態にある人々を襲うのが「虚無感・虚しさ」である。「何のために生きるのかわからない。歩んできた人生について意味を見出せない」という苦悩である。

筆者は、「スピリチュアリティ（霊性）」を「人間存在の目的性・意味性」と定義したい。スピリチュアリティとは、もともと人間が内に抱いているものであり[1]、「目的的・意味的存在である人間存在」の属性を指すものとしたい。人が「生きることの目的や意味がわからない時」に抱く虚無感は、「スピリチュアル・ペイン（霊的な痛み）」の一つだといえよう。

仏教の観点からいうならば、「霊的な痛み（スピリチュアル・ペイン）」は、三学における定（禅定・瞑想）によって、我々が身を置くところの「物質の次元」を超えたもう一つの次元である、「精神の次元（あるいは智慧の次元）」に心を通じ合わせる時に癒される。人が精神の次元に心を通じ合わせることは、いわゆる「スピリチュアリティの覚醒」に相当する。これは浄土真宗における、回心《えしん》あるいは信心の獲得《ぎゃくとく》に相当するものと見られる。

2　科学的認識方法の問題性

戦後日本の教育は、西欧の近代科学に基づく教育心理学を理念として進められてきたため、人々は無自覚のうちに近代科学的認識方法（以下「科学的認識方法」と略す）を身に付けることになった。デカルト、ニュートンによって基盤が整えられた近代科学は、自然界を人間の精神の影響の及ばない物質の世界として捉える物質主義である。さらに近代科学は、自然界を、部品としての物質の集合体だと見做す機械論的自然観に立つ(2)。

科学的認識方法を身に付けた現代人は当然、自然界を「物質の集合体」として認識する傾向を持つようになった。それに伴って、目に見えない、数値化できない、存在相互の関係性・関連性、全体の統合性・一体性、さらに人間の精神や想念、働きなどを認識する力を弱めてしまった。我々は科学的認識方法によっては、物事の「目的と意味」を見出すことができない。何故なら「目的と意味」は物質ではなく、そのものと他、あるいは全体との関係性において成立するものだからである。

かくして近代科学は、「目的と意味」を持たずに発展を続けた。そこで人間に仮の目的を与えたのは、いわゆる「煩悩」であった。かくして近代科学は、人々にとって最も身近で実感が伴う「自己中心の欲望追求」のための手段として用いられることになった。このことについて、伊藤隆二は次のように指摘している。

科学礼讃者によって進められてきた科学万能の思想と人間中心主義、そして近代科学の知に則った近代技術文明の〝発展〟によってもたらされた影は、既に述べた環境汚染、地球それ自体の破壊、環境ホルモンによる生殖機能の障害といったことだけでなく、人間の精神の病、人心の荒廃、青少年の諸問題などによって示された。教育の視点からもっとも憂慮しなければならないのは、次代を担う青少年の我欲の肥大化に伴う人格の低下である。(3)

もちろん、近代科学により産業は発展し、世界は情報化・国際化し、一部の国の人々は快適で便利な生活を手に入れた。近代科学は、自然の中からエネルギーを取り出して利用したり、形あるものを創造したりする上では極めて有効であった。しかし、それ自体が人々を幸せにするものではなかった。人間は「目的的・意味的存在」であるため、物質的に満たされた生活ができたとしても、「目的と意味」の問題が解決しなければ心が満たされず、幸せになれないからである。

3　公立学校における宗教教育の禁止と人々の無宗教化

日本人と宗教との関係において、戦後の教育が与えた影響は看過できないものがある。第二次大戦後に制定された日本国憲法第二十条において、公教育における宗教教育が禁止されたために、公立学校では宗教について教えることを避けるようになった。宗教に対する正しい認識を身に付ける機会を失った人々は、宗教を「時代遅れの迷信的なもの」と考え、あるいは「人が生きる上で宗教は不必要である」と見做すようになった。(4)

古来、日本では、多くの家庭に仏壇があり、朝・夕に合掌・礼拝・勤行を行ってきた。あるいは神社や神棚に祈りを捧げるなどの宗教的生活を営んできた。しかし、宗教に価値を認めなくなった人々は、宗教は生きる上で不要のものと考えるようになった。その結果、多くの人々の日常から、宗教的行為がなくなった。それによって、人々は心を精神の次元に通じ合わせる機会を失ったのである。現代人の多くが虚無感を抱えるようになったのは、このことと深い関係がある。

以上のように、近代科学的認識方法、物質主義を基盤として生きる現代人は、「生きることの目的と意味」がわからなくなった。そればかりか、「目的と意味」を求め掘り下げるという発想をもなくしてしまった。科学的認識方法によって、物質の次元にのみ生きることを余儀なくされた人々を苛むのが虚無感であり、そこに浮かび上がったのがスピリチュアリティの問題である。このような虚無感は、人々が「近代科学は真実である」という前提の下、科学的認識方法によって生き、宗教的実践を放棄したところから、顕著に現れるようになったと考えられる。科学的認識方法は、観念的・実証的であるため、形ある物質の次元しか捉えられない。精神の次元である、形なき働きの世界は、科学的方法によっては捉えられないため、人々はその存在を否定する。

人間は、肉体と精神・身と心を持ち、物質の次元に身を置きながらも、精神の次元に心を通じさせて生きるべき存在である。人間は、精神の次元と繋がりが持てない時、虚無感を抱くようになる。釈尊によって開かれた仏教は、古来、世界が物質の次元と精神の次元が一体となって成立していることを明らかにしてきた。

釈尊が示した三学の修行は、物質の次元に身を置く人間が、精神の次元に心を通じさせることによって、本来の人間性を回復していく営みであった。筆者は、これを智慧の認識方法と呼ぶ。人間は物質の次元に留まる時、自己中心的欲望に流されざるを得ないが、精神の次元に通じれば、心は満たされ、慈悲・利他の心で生きられるようになるのである。

三　WHOにおけるスピリチュアリティの議論

スピリチュアリティの問題が世界的に関心を集めるようになったきっかけは、一九九七年に開催されたWHO（世界保健機構）第五二回総会における審議にあった。そこでは、「健康」の定義について次のような改正案が提出された。

Health is a dynamic state of complete physical, mental, spiritual and social well-being and not merely the absence of disease or infirmity.

（健康とは身体的、精神的、霊的、社会的に望ましい生を営んでいるという力動的な状態を指し、単に病気や病弱でないというのではない）：（傍線は筆者）

この改正案は、従来「健康」の定義として「a state of complete physical, mental and social well-being」とされていたものに、「dynamic」と「spiritual」を付加したものであった。この提案はインドの代表が提出し、イスラム諸国からの賛同を得たが、先進諸国には慎重論が多かった。WHOでは、かなり以前からインドのアユルヴェーダや、イスラム圏のユナニ医学、中国の漢方医学などの、各民族の伝統医療の復興に力を入れてきた背景があり、このような中で中国がWHOに加盟したことが、この提案を生み出す契機となった(5)。

WHOにおいて健康について「spiritual」の語を付加しようとする提案がなされたのは、人間が「身体的、心理的、社会的」のみならず、「霊的な面」において「望ましい生」を営むべきであり、その「望ましい生」は「固定的ではなく力動的に維持されるべきもの」との認識に立ったからであろう。「力動的」の語が加えられたのは、人間が社会生活を送る上では様々な出来事や状況の変化が起こるため、それら一つひとつに的確に対応していかなければ、いわゆる「望ましい生」を維持することができないためであろう。このような見解は筆者の、人間が「目的的存在」(目的と意味を求める存在)であるという人間観と通じるものである。

霊的(Spiritual)の語については、すでに一九九〇年、WHO専門員会の報告書『がんの痛みからの解放とパリアティブケア』において、次のような説明がなされていた。

「霊的」とは、人間として生きることに関連した経験的一側面であり、身体感覚的な現象を超越して得た体験を現す言葉である。多くの人々にとって「生きていること」が持つ霊的な側面には宗教的な因子が含まれているが、「霊的」は「宗教的」と同じ意味ではない。霊的な因子は身体的、心理的、社会的因子を包含した人間の「生」の全体像を構成する一因子とみることができ、生きている意味や目的についての関心や概念と関わっていることが多い。とくに人生の終末に近づいた人にとっては、自らを許すこと、他の人々との和解、価値の確認などと関連していることが多い(6)。

ここで「霊的」とは「身体感覚的な現象を超越して得た体験」を指すとする。これは、我々が日常的に働かせている身体感覚、すなわち五感(眼・耳・鼻・舌・皮膚)を超越した体験を意味しており、具体的には、古来より広く宗教的実践として行われてきた、「いのり・瞑想・念仏などを通して得られる体験」を指すものと考えられる。ここで「霊的」と「宗教的」の語を区別するのは、狭義の意味で「特定の宗教の教義」に囚われることを避け、いわゆる宗教的実践が提供してきた「人間の生の営みに関与する要素」を純化して取り出そうとする意図によるものではないだろうか。

そして「霊的な因子は身体的、心理的、社会的因子を包含した人間の「生」の全体像を構成する一因子とみることができ、生きている意味や目的についての関心や概念と関わっていることが多い」と語るのは、人間にとって「生きている意味や目的についての関心や概念」の問題は、基本的な「生」の全体像において、欠かすことのできない因子の一つであるという認識を示すものであろう。

ＷＨＯにおける提案は、霊的な因子、すなわち霊性を満たして、霊的な健康を維持していくためには、「身体感覚的な現象を超越して得た体験」が必要だという見解に立つものであり、「そのような体験を通さなければ、目的と意味の問題は解決しないこと」を示唆している。

四　人間性心理学における自己実現

ＷＨＯにおいて提起されたスピリチュアリティの問題は、人間性心理学において提唱されてきた「自己実現」の概念に通じるものである。

まず「人間性心理学」について、簡単に整理しておこう。心理学の流れをおおまかに振り返ると、第一の心理学として、精神を構成要素に分解することによって理解しようとする構成主義が唱えられた。次に第二の心理学として行動主義が提唱され、さらにこれらの反省に立って第三の心理学・人間性心理学が提唱された。人間性心理学とは、精神分析の分野から生まれた人間中心のアプローチである。渡辺恒夫は「心とは何か」という心理学にとっての根本問題を、実証科学としての心理学は扱うべきではないとして哲学に押し付けてきたのが二十世紀の心理学の流れであり、日本でもその傾向が顕著であったことを指摘している。[7]すなわち、数値化できる心の動き等は科学の対象となるが、「心とは何か」といった数値化できない問題には、実証科学は無力だということであろう。

一九六〇～七〇年代にかけて、人間性心理学の新潮流を起こしたのはマズロー（一九〇八～一九七〇）であった。彼は「人格を無意識の欲望や行動原理に還元するのではなく、自己実現へと向かう統一体として理解」しようとした。人間性心理学の特徴は、人間を自己の望ましい本来あるべき方向に向かって成熟・発達するもの、すなわち「自己実現」を目指して発達するものと捉える点にある。自己実現とは「自らの内にある可能性を実現して自分の使命を達成し、人格内の一致・統合を目指す」ことである。[8]マズローは人間の欲求の五段階階層説を打ち出した。五段階とは、すなわち①生理的欲求、②安全欲求、③所属と愛情欲求、④自尊欲求、⑤自己実現欲求であり、自己実現の欲求を人間の最も高度な欲求として掲げ、[9]「人間として自己の可能性を全うし、自己の内在する能力を実現させる」という意味に使用した。[10]自己実現の欲求は①から④までの欲求が満たされて初めて現れる欲求であると考えた。

マズローに共感したロジャーズ（一九〇二～一九八七）は、現象学を基盤とした心理学を構築し、来談者中心のカウンセリングを提唱した。マズローと同様にロジャーズも、人間を「自己実現」へと向かう存在であると見た。ただしマズローが、自己実現を「特定の個人に見られる高度な欲求」と考えたのに対し、ロジャーズは、「すべての人間が自己実現に向かう存在である」と捉えた。自己実現とは「自己を拡大し、分化し、自律的になり、より成熟すること」を意味する。そして人間は、自己実現に向かう過程で、十分に機能するようになっていくとする。十分に機能する人間とは、「①経験に対して開かれていること、②

実存主義的生活、③自分自身の有機体への信頼、④自由の感覚、⑤創造性」の特徴を備える。

ロジャーズは、カウンセリングにおいて、カウンセラーが来談者に対し無条件の肯定的尊重を与えることにより、来談者がすでに持っている潜在能力を触発させることができるとした。ロジャーズの提唱した来談者中心のカウンセリング技法は、現在、日本におけるカウンセリングの主流をなしていると見られるが、カウンセラーによる「傾聴」によって、来談者みずからの精神的回復力を引き出すという地点までを、その役割としていると見ることができ、その後のクライエントの自立と自律的生活を実現するという課題を残しているといえるのではないか。

このように、マズローからロジャーズへと継承された人間性心理学においては、人間を「自己実現を求める存在」と見做す。自己実現の概念の根底には、「人間が目的的存在である」という人間観があり、人間存在としての目的が達成されるのが「自己実現」だと見てよいだろう。このような「自己実現」の概念には、スピリチュアリティの問題との深い関連が窺われる。

マズローは「自己実現」を「自らの内にある可能性を実現して自分の使命を達成し、人格内の一致・統合を目指す」と定義するが、「内にある可能性や自分の使命が一体どのようなものなのか」については、知的・理性的な思考によって把握するのは困難ではないだろうか。そこにＷＨＯが示す「身体感覚的な現象を超越して得た体験」の必要性が示唆されるのである。

五　スピリチュアリティに関する諸説

ここで、窪寺俊之、伊藤隆二両氏の説を紹介することにより、スピリチュアリティに関する問題を整理しておきたい。

1　窪寺俊之における「自己喪失」

窪寺俊之は、現代社会の急激な変化、情報の過多、価値観の多様化等の状況が、現代人を自己喪失に追いやっているとして、この自己喪失をスピリチュアリティによって回復できることを指摘している。(11) 窪寺は、筆者が指摘する「虚無感」を、「自己喪失」の概念によって語っているものと見られる。

窪寺は「自己喪失」の内容として①自己分裂、②内面性の希薄さ、③信じる能力の低下、④自己否定を挙げる。そして、スピリチュアリティを「人間が物質的世界に解決の道を見つけだせない危機的状況に立つときに、触発され覚醒し、目に見えない世界（時・場を越える世界）に自己の存在を位置づける新しい秩序（生の枠組み）を見つけ出して、癒しをもたらす機能」と定義する。(12) 窪寺は、危機的状況の中でも「死」を最大の危機だと見ており、その理解の特徴は、スピリチュアリティを機能として見ていることである。(13) スピリチュアリティによって、このような「自己拡散・自己分裂する自己を「支える秩序」を超越性・究極性に見出し、回復（癒し）することができる」(14) と指摘する。

さらに「スピリチュアルな世界は、現実の世界を超越した世界であり、不変、不動の世界であるので、そこに人生の基盤や土台を回復して、人間らしい生き方ができる道を開くものである」と指摘している。[15]そして、スピリチュアリティは、宗教的側面が強く、その理由を「宗教には神仏などという超越的存在や究極的存在との関係の中で自己（おのれ）をとらえる視点があるからである」として、スピリチュアリティの第一の特徴を「超越的・究極的なもの」と示し、第二の特徴として「不変的なもの」があるとし、この世界には「表面的変化」と「内面的不変」が存在し、「スピリチュアルなものは、五感を越えたもので人間の意志・願望・能力に全く依存しない異質の世界である」と語る。さらにスピリチュアリティの第三の特徴として「愛なるもの」があり、それは「無条件の愛」であり、「天から与えられる」「彼岸から」与えられる愛だとする。[16]さらに、以上の考察を次のように結ぶ。「スピリチュアリティとは「超越的・究極的なもの」との出会いによって生まれるもので人間に新しい秩序、つまり「存在の枠組み」が生まれることである。そして、その枠組みの中にある自由や愛に支えられて癒しが生まれてくる。自分の人生の意味・目的が明らかになり、自分らしさが回復してくる」と。

以上のように、窪寺は「スピリチュアリティとは「超越的・究極的なもの」との出会いによって生まれるもの」とし、それによって「人間性の喪失が克服」されると語る。窪寺は、みずからの宗教的体験をもとにスピリチュアリティについて考察しているものと思われる。ただ、ここでは、人間がどのようにしてスピリチュアリティを体得できるかは、示されていない。窪寺はその方法として、キリスト教における祈り、仏教における瞑想等を想定しているようである。

2　伊藤隆二における「間主観カウンセリング」――スピリチュアリティの覚醒――

伊藤隆二は、現代人が人間性を喪失している状況を踏まえ、「スピリチュアリティの覚醒」の必要性について、早くから指摘してきた。伊藤は、コンラード・ローレンツが『文明化した人間の七つの大罪』（一九七三年）において「文明が進歩し続けていけば、いきているシステムそのものが狂い、種としての人類が破滅する」ことになり、その元凶を人間性の喪失に求める見解を紹介したのち、次のように述べる。

この場合の「人間性」の喪失は、普遍主義、客観主義、それに要素還元主義に立脚した科学に毒された「魂のない心理学」が幅をきかせ、「教育」がその心理学に影響されてきたことと深く関係している、と私は見ている。すなわち、その心理学は人間から人間の力を超えたものに対する畏敬の念を奪い取り、感性を衰滅させ、高貴な「人間性」を低俗なものに変貌させてしまったこと、そして教育が「発達することは善なり」という価値に囚われ、その基盤を「近代科学の知」による発達心理学に置いたこと、しかも競争原理を導入し、学習者の意欲を煽り（「頑張れ」という激励がそれを表わしている）、人間能力の開発をし続けたこと、などである。後述するスピリチュアリティの覚醒によって人間の力を超えたものに対する畏敬の念が培われ、「人間性」は開花するのであるが、そのことを「非科学的だ」とか、「主観主義に偏っている」として否定して進歩（?）した心理学は「人間性」を一層遠くへ追い遣り、その心理学によって打ち樹てられた法則を金科玉条として勧められた教育によって学習者から「人間性」は日増しに喪失していった。「人間性」の開花なくしては人間能力の開発はその基盤を失うことを知らなかったがゆえの悲劇あった。[17]

伊藤は「人間の力を超えたもの」に出会うという、みずからの宗教体験を基盤として、スピリチュアリティ覚醒の必要性を訴える。近代科学の認識方法・視点によっては、人間の心を明らかにすることはできない。戦後日本における教育が、近代科学の実証主義によって打ち立てられた発達心理学を基盤として進められてきたために、人々から人間性を奪う結果となったと述べるのである。そして伊藤は「間主観カウンセリング」を、次のように提唱する。

私のカウンセリングは来談者の直接の訴えのみならず、その方の歴史観や死生観を含む人生観をじっくり傾聴することに徹しつつ、カウンセラーとしての私の人生哲学を率直に開示するところに特徴がある。私のカウンセリングを「間主観カウンセリング」と呼んでいるが、それは来談者とカウンセラーが相互に内面世界（主観の世界）を開示し合いつつ、共に人生修行し続けるゆえである。そのように厳粛に主観の世界を開示し合うとき、両者は普段の生活の中では気づいていない「内なる声」に目が覚まされることが少なくない。それは私の「善く生きてほしい」という願いと響き合い、その「内なる声」に誘われるままに内へ内へと航海を続けていくと、やがて人間の力を超えた、私の言う「絶対的真理」を得ることになる。それがスピリチュアリティの覚醒である。[18]

伊藤はこれまでの心理学の発展過程に疑問を持ち、人間はスピリチュアリティ、すなわち「一切の根源にあって、その一切を成り立たせ、絶対的真理に向かわせる働き」への覚醒によってこそ、本質的歩みを進めることができるのだと主張している。[19]「傾聴」を重んじつつも「傾聴」に囚われることがなく、来談者とカウンセラーという立場の違いを超えた「同行」の関係、自然な人間と人間との出会いが現成する可能性が示唆される。このような、伊藤の提唱する「間主観カウンセリング」は、ＷＨＯのいうところの「霊的な痛み」に応え、虚無感を克服していくことのできる方法の一つであろう。

伊藤は、鈴木大拙の「仏教の根本義は対象界を超越することである。この世界は知性的分別と情念的混乱の世界であるから、ひとたびこれを出ない限り、霊性的直覚を体得して、絶対境に没入することはできない」との言葉を引いて、自身のいう「絶対真理」は、鈴木大拙の「絶対境」および、ボームの「宇宙意識」「叡智の領域」の概念に相当し、自身の「スピリチュアリティを覚醒する」は、鈴木の「霊性的直覚を体得する」に、さらに自身の「真理に生きる」は、鈴木の「絶対境に没入する」に相当するものであると語っている[20]。

そして伊藤は、スピリチュアリティを覚醒し「真理」に生きる人間になることを目指す「トランスパーソナル教育」の手がかりとして九項目の実践を提示し、その中で「二、〈瞑想の習慣をもつ〉」、「九、〈祈り〉の生活を送る」を掲げる。伊藤は〈祈り〉について、「神道でいう「願」、仏教でいう「念」、キリスト教でいう「祈り」は天（神）に通じるゆえに信仰には欠かせない。究極的には宗教生活に至る」と示している[21]。

以上のような伊藤隆二の見解は、自身の体験に基づいて打ち立てられたものと見られ、「願・念・祈り」という異なる宗教における実践が、同じ機能を有するとする立場に立つ。これは筆者の見解と軌を一にするものである。

六　仏教とスピリチュアリティ

現代において、科学に方向性を与えてきた自己中心の欲望は、釈尊によって苦の原因とされたものである。近代以降、人間は自己中心の欲望追求のために科学を用いてきた。それによって五感による身体感覚は充たされたが、心は苦悩を深めるという構図ができあがった。そして科学的認識方法は人間を物質の次元に留めるという結果をもたらした。科学の発展は、便利で快適な社会・生活環境を実現してくれたが、人々は「生きる目的と意味」を奪われ、虚無感を深める結果となった。

釈尊によって開かれた仏教は、物質主義的生き方を抑制し、定（瞑想）によって心を精神の次元に繋ぐことにより、平安な心を実現する教えである。心を精神の次元に繋ぐことが、今日いうところの「スピリチュアリティの覚醒」に相当するものであろう。

三毒の煩悩

人はほかの生物と異なり、自由意思と考える力を持つため、みずからの行動や生き方を選択することができる。そして身体を持って生まれるが故に、身体性を基盤とした「我」の意識を抱くようになる（愚痴あるいは無智・無明）。そして五感を通して世界との接触を始めるのである。さらに「我」としての自身を守り維持していくために、身体性としての自己に快をもたらす刺激に対しては、進んでそれを取り入れようとし（貪欲）、苦をもたらす刺激については退けるようになる（瞋恚）。このようにして、苦の原因であるところの三毒の煩悩、すなわち貪欲・瞋恚・愚痴が成立する。このような身体感覚を基盤とする生き方は、五感が充足される時の快の感覚を喜びと感じ、それが幸福であると錯覚するようになる。ここに自己中心の欲望追求的生き方が成立する。

我執を抱き（愚痴）、快を求め（貪欲）、苦を退ける（瞋恚）、いわゆる三毒を基盤とする生き方は、みずからが身を置く世界をありのままに捉えることができず、抽象化して観念的に捉えてしまう。そこに生まれる観念的世界観を、羽矢辰夫は「バラバラ・コスモロジー」と呼んだ(22)。本来、繋がり合う世界であるのに、すべての存在が互いに関係することなく、それぞれ独立して存在していると見做す世界観である。この世界観にしたがって生きる時、人は快・苦の感覚に流され、苦悩に苛まれるようになる。人々のこのような認識方法における観念化の傾向は、近代科学の認識方法と軌を一にするため、容易に同調することになった。

釈尊における定慧

釈尊は、このような観念的世界認識を脱して、ありのままの世界認識に立って生きる方法として、定（瞑想）を説いた。すなわち観念的世界認識は「物質の次元」にあり、ありのままの世界認識は「精神の次元」にある。定は、「ありのままの世界」すなわち「諸法の実相」を捉えることのできる認識方法である。定によって「ありのままの世界を捉える力」すなわち慧（智慧）が獲得される。

有田秀穂は、瞑想すなわち丹田呼吸によって、「認知機能」すなわち知性・理性によって頭で考えて認識する機能が抑制され、脳の前頭局の血流が増加し、直観力・共感力が高まることを実証した(23)。認知機能とは、仏教でいうところの「分別」であり、観念的な認識方法を指す。

釈尊の弟子たちは、仏（釈尊）・法（教え）・僧に帰依（三帰依）し、三慧を修した。三慧とは、すなわち釈尊の教えを注意深く聞き（聞慧）、繰り返し心に刻み（思慧）、教えの内容を定（瞑想）を通して体得していく（修慧）実践である。定によって、教えの内容を体得できるのは、釈尊の根本教説である「十二支縁起および四諦」が、瞑想によって感得される「諸法・世界のあり様」を基盤として、そのようなあり様から外れた自身のあり様を修正していくことを内容としているからである。

ありのままの世界においては、個の存在は全体の一部であり、個は全体と一体であり、個と個が互いに繋がり合い、一つひとつの個は全体の調和・完成のための固有の役割を担っており、すべての個は我執を持たない。仏教でいう無我とは、無我執なる世界のあり方を指すものと見られる。最初期の韻文経典には、無我が盛んに説かれたが、それらは執着、ことに我執の否定ないし超越を意味していた。(24)

仏教においては、定（瞑想）によって心を精神の次元に通じさせることによって、「スピリチュアリティ」が覚醒され、その時、全体性の感覚を得て、「生きることの目的と意味」が知られ、虚無感が克服されていくのである。

七　浄土真宗とスピリチュアリティ

親鸞（一一七三～一二六二）が開き、蓮如（一四一五～一四九九）によって広められた浄土真宗は、釈尊の流れを汲む仏教の一宗派であり、スピリチュアリティを覚醒し、虚無感を克服していく道を示したものである。(25)浄土真宗は、阿弥陀仏の誓願成就によって成立する他力の仏道であり、そこには修行がないと理解される傾向があるが、浄土真宗門徒の信仰生活をつぶさに検証すると、そこに「信心と念仏」の実践が見出される。親鸞は、「称名は大行である」とした。(26)称名とは、阿弥陀仏の名号を称える行為である。浄土真宗の仏道を簡略にまとめると「阿弥陀仏の誓いを聞いて、信じ、念じ、まかせ、ゆだねる生活」となる。

親鸞には「念仏を信ずる」との表現もあり、「信と念」、すなわち「信ずること」と「念ずること」を一つの事態と見ていた[27]。このような生活を続ける中で真実信心が獲得される。これはスピリチュアリティの覚醒に相当するであろう。

蓮如によって整備された浄土真宗門徒の信仰生活は、「釈尊における三慧の実践」に対応する。すなわち寺院における聴聞（聞慧）、朝・晩のお内仏での勤行（『正信偈和讃』の繰り読み）と法語（『御文章』）の拝読、同信の人々と寄り合い・談合を続ける（思慧）中で、称名念仏をたしなむ生活を通して教えの内容を体得していく（修慧）のである。すなわち「阿弥陀仏の誓いを聞いて、信じ、念じ、まかせ、ゆだねる生活」である。信心・念仏を通して教えの内容を体得できるのは、それらが「定」の機能を持つからであろう。

浄土真宗では、江戸時代以来、篤信の門徒を「妙好人」と呼んで讃えてきた。彼らは、聴聞と念仏の生活を送っていた。妙好人の言行や精神性を見る時、奉仕の思いからひたむきに精進努力し、喜びと感謝の心で生き生きと毎日を送る姿を確認できる。彼らは「信心と念仏」によってスピリチュアリティを覚醒し、虚無感を克服していく生活へと導かれていたのである。

妙好人・浅原才市（一八五〇〜一九三二）は、晩年、下駄職人としての生業に勤しみ、下駄を作りながら、胸の奥から湧いて出る宗教詩を多く生んだことで知られる。彼と深い親交を持った寺本慧達は、才市の面影を次のように表現している。「① 正直な心、そしてそのままの姿、② 敬虔な心、そしてそのままの姿、③ 一貫した誠実な心、そしてそのままの姿、④ 邪《よこしま》なき心、そしてそのままの姿、⑤ 不安なき心、そしてそのままの姿」と。才市は、正直・敬虔・誠実を備えた人格であり、邪と不安のない心の持ち主であった。心と行いの矛盾なき一致が「そして、そのままの姿」という表現に託されている。また寺本によれば、才市は「心と姿と表裏がなく、全く一体」であり、「体で念仏し、体で語り、体で考え、体で喜び、体で働いた人」、「一貫した誠実と、不安なき心とをそのまま具現」した人でもあった[28]。

また妙好人・足利源左（一八四二～一九三〇）は農業に勤しみ、勤勉に働いた。その温かい人柄は人々に慕われ、様々な揉め事を解決する透徹した洞察力を持っていた。例えば「お爺さんは畑打ちに行つても、小用か鍬の土落とし以外には打づめで、一ぷくすることがありませんでした。田に這入つたまゝ一田圃全部草取りが済むまでは腰をのしませんでした[29]。」という話や、「源左さんは無学な人ではありましたけれど、お話を聞いていると、大学者のやうな感じがしました。よくはまつた結構なことを云はれました[30]」という話が残っている。

妙好人は「信心と念仏」を通して、精神の次元（智慧の次元）に心を通わせる生活を送っていた。虚しさを克服し、感謝の思いから勤勉に働き、誠実に暮らした。自身の生業を通して、人々に奉仕できることに喜びを感じていた。ここにスピリチュアリティが覚醒され、虚無感を克服した生き方があったのである。

八　おわりに

近年、世の関心を集める「スピリチュアリティ（霊性）の問題」は、現代人の科学的認識方法と非宗教的生活によって、顕在化したものであろう。すなわち現代人の多くは、科学・産業の発達によって与えられた便利で快適な生活を享受する一方で、無目的・無意味な生活を強いられ、スピリチュアル・ペインとしての虚無感に苛まれるようになった。

我々は、このようなスピリチュアリティの問題について、すでに仏教、浄土真宗にその答えが示されており、多くの先人たちが実際にその道を歩んできたことを確認せねばならない。妙好人に代表される浄土真宗の門徒は、スピリチュアリティを覚醒し、虚無感を克服する信仰生活を送ってきたのである。このことは、生きることの目的と意味がわからず、虚無感を抱く現代の人々に、具体的・現実的な示唆を与えるものではないだろうか。

註

(1) 窪寺俊之も筆者と同様、スピリチュアリティを「人間普遍的に与えられているもの」と見ている(打本弘祐「スピリチュアリティの概念の多様性と宗教性」〈『真宗研究会紀要』四一号、二〇〇九年、二〇頁〉)。
(2) 中村雄二郎『臨床の知とは何か』岩波文庫、一九九二年。
(3) 伊藤隆二「トランスパーソナル教育とスピリチュアリティの覚醒――『真理』に生きる人間になる――」(『東洋大学大学院紀要』第三五集、六一二頁下段～六一三頁上段)。
(4) 拙稿「宗教の意味――釈尊の視点から――」(『龍谷大学論集』四八三号、二〇一四年、二～三頁)。
(5) 湯浅泰雄「霊性問題の歴史と現在」(『スピリチュアリティの現在――宗教・倫理・心理の観点――』人文書院、二〇〇三年、一一～一二頁)。
(6) 世界保健機構編(武田文訳)『がんの痛みからの解放とパリアティブ・ケア――がん患者の生命へのよき支援のために――』金原出版、一九九三年、四八頁。小島秀光「スピリチュアリティと本願力」(谷山洋三編著『仏教とスピリチュアルケア』東方出版、二〇〇八年、六二～六三頁)。
(7) 渡辺恒夫「世界心理学史　フロイトも反逆者だった」(『新版　心理学がわかる』AERA MOOK、朝日新聞社、二〇〇三年、一一五～一二三頁)。

（8）『心理学辞典』「自己実現」、有斐閣、一九九九年。
（9）『心理学辞典』「マズロー」。
（10）友久久雄監修『僧侶のための仏教カウンセリング入門』四季社、二〇〇五年、九〇頁。
（11）窪寺俊之「自己喪失とスピリチュアリティ――自己を求めて――」（『先端社会研究』第四号、関西学院大学、二〇〇六年、五～二三頁）。
（12）同前論文、一四頁。
（13）打本弘祐註（1）前掲論文、二〇～二一頁。
（14）窪寺俊之註（11）前掲論文、一四頁。
（15）同前論文、一四頁。
（16）同前論文、一八頁。
（17）伊藤隆二「人間の本質とスピリチュアリティ」（人間主義心理学会編『人間の本質と自己実現』川島書店、一九九九年、二二六～二二七頁）。
（18）伊藤隆二註（17）前掲書、二二八頁。
（19）同前。「小動物を虐待することで自分の心の傷を癒そうとしていた小学生（男児）が私との間主観カウンセリングを通して目に見えない世界に繋がっている自分に気づき、やがて「すべては一つ」という真理を悟った。そして「内から」湧き出る力を得て立ちなおった。かつて小学生であったその来談者は、今、四十五歳になるが、祈りと奉仕を中心にした生活に充実感を味わっている」。
（20）伊藤隆二註（3）前掲論文、六一八頁下～六一九頁上。
（21）同前論文、六二一～六二二頁。
（22）羽矢辰夫『ゴータマ・ブッダのメッセージ』大蔵出版、二〇一一年、一七九頁。
（23）有田秀穂「ストレス解消――呼吸法のすすめ――」（『大法輪』二〇一四年四月号、六二～六五頁）。

(24)『岩波仏教辞典』初版、一九八九年、「無我」の項参照。

(25) 浄土真宗とスピリチュアリティに関する先行研究として、小島秀光の「スピリチュアリティと本願力」（註(6)前掲論文）がある。小島はスピリチュアリティの本質として「超越性（神・仏・人知を超えたもの）との関わり（体験）」と「人間存在の根拠（生きる意味や目的）」を挙げる（七三頁）。そして浄土真宗における「超越性との関わり」は「南無阿弥陀仏」であり、スピリチュアリティについては「仏と自身の関係、そして仏の力である本願力が共にはたらく自他との関係の中に、スピリチュアリティ（いのちの輝き・叫び）を感じるといえる。（中略）その超越との、断絶でありながら繋がりを持っている人間の存在を示すものが本願力という動態であり、それがスピリチュアリティであるといえる」と指摘している（七六頁）。

(26)「大行とは無碍光如来のみ名を称するなり」（『顕浄土真実教行証文類』「行巻」〈『浄土真宗聖典　註釈版』第二版、一四一頁〉）。

(27)『末灯鈔』第十一通（『親鸞聖人御消息』第七通）に、「信の一念・行の一念ふたつなれども、信をはなれたる行もなし、行の一念をはなれたる信の一念もなし」（『浄土真宗聖典　註釈版』第二版、七四九頁）と示し、『弥陀如来名号徳』「智慧光」に（智慧光と申すは）「念仏を信ずるこころを得しむるなり」（『浄土真宗聖典　註釈版』第二版、七二三頁）とある。

(28) 寺本慧達『浅原才市翁を語る』今原長円寺、一九五二年、一二三〜一二五頁。

(29) 柳宗悦『妙好人因幡の源左』百華苑、一九六〇年、一三九頁。

(30) 同前書、一四二頁。

参考文献

〈書籍〉

藤　能成『現代社会の無明を超える――親鸞浄土教の可能性――』法藏館、二〇一三年。

〈論文〉
藤　能成「現代社会に巣食う虚無感を克服するために――妙好人の言行と仏智――」（Ⅰ）・（Ⅱ）（Ⅰ）『真宗学』一二四・一二五合併号、二〇一一年。（Ⅱ）九州龍谷短期大学『仏教文化』二〇号、二〇一一年。
藤　能成「現代社会の無明を超える――繋がりの回復――」（岐阜聖徳学園大学『仏教文化研究所紀要』一一号、二〇一二年）。
藤　能成「妙好人と智慧――柳宗悦「無対辞文化」が投げかけるもの――」（『真宗学』一二九・一三〇合併号、一六七～一八七頁）。

真宗心理へのアプローチ
――二種深信と自我同一性を手がかりとして――

長岡岳澄

一　はじめに

宗教における心理的側面は、教義などの理論的側面、儀礼などの行動的側面、教団などの集団的側面とともに、重要な要因であるということができる。重要であるがゆえに、宗教学の黎明期から、ジェームズやスターバックの研究に始まり、連綿と宗教心理の研究が積み重ねられている。

宗教における心理的側面の重要性は、浄土教、浄土真宗においても同様であると考えられ、浄土真宗における心理的側面を究明していくことが、「浄土心理学研究会」の大きな目的であるといえるであろう。

そして、心理的側面について究明していこうとする際には、実際に浄土真宗がどのように受け止められているかを実証的に研究していくことが重要であると考えられる。本稿は、浄土真宗における心理的側面を実証的に研究していこうとするための試論であり、日本印度学仏教学会でのパネル発表をもとに加筆したものである。

二　問題と背景

本研究の目的は、二種深信、および二種深信と自我同一性の関係性を調査し、そこから真宗信仰の実態を把握することである。

このような目的設定の背景は以下の通りである。

真宗という宗教体系を考える際には、教義・教学などの知的側面と同時に、心理的・社会的な側面も捉えていく必要があると考えられる。これは、真宗が示す人間観・世界観、および救済観とともに、それがどのように心理的に受け止められ、社会的にどのようにはたらいているのかを把握していく必要があるということである。

このような真宗体系を捉えていくためには、複数の視点が必要であるが、その一つとして真宗の持つ宗教性（真宗的宗教性）が、実際にどのように受け止められているかを把握していこうとする視点が挙げられる。

このような背景から、本研究においては、この真宗的宗教性を明らかにするために、真宗において他力の信相とされる二種深信、および、二種深信と自我同一性の関係について考察を加えていく。また、その研究方法についても考察する。

三　本研究の理論的枠組み

ここでは、本研究で取り上げる二種深信、アイデンティティの概念について触れ、そこから設定される仮説について述べる。

まず、二種深信については、善導の『観経疏』「散善義」および『往生礼讃』に示されるところに基づき、それぞれ、

「二者深心」。言「深心」者、即是深信之心也。亦有二種。一者決定深信自身現是罪悪生死凡夫、曠劫已来、常没常流転、無有出離之縁。二者決定深信彼阿弥陀仏四十八願、摂受衆生、無疑無慮、乗彼願力、定得往生。(1)（『観経疏』「散善義」）

「二には深心」と。「深心」といふはすなわちこれ深く信ずる心なり。また二種あり。一には決定して深く、自身は現にこれ罪悪生死の凡夫、曠劫よりこのかたつねに没してつねに流転して、出離の縁あることなしと信ず。二には決定して深く、かの阿弥陀仏の、四十八願は衆生を摂受したまふこと、疑なく慮りなくかの願力に乗じてさだめて往生を得と信ず。(2)

二者深心、即是真実信心。信知自身是具足煩悩凡夫、善根薄少流転三界、不出火宅。今信知弥陀本弘誓願、及称名号、下至十声・一声等、定得往生、乃至一念無有疑心、故名深心。(3)（『往生礼讃』）

二には深心。すなわちこれ真実の信心なり。自身はこれ煩悩を具足する凡夫、善根薄少にして三界に流転して火宅を出でずと信知し、いま弥陀の本弘誓願は、名号を称すること下十声・一声等

　に至るに及ぶまで、さだめて往生を得と信知してすなわち一念に至るまで疑心あることなし。ゆゑに深心と名づく。[4]

と示される。親鸞はこの「散善義」の文を『教行信証』「信巻」大信釈下に引用し、『愚禿鈔』においては、この文を引いた後に「今この深信は、他力至極の金剛心、一乗無極の真実心海なり[5]」と述べている。また、『往生礼讃』の文を『教行信証』「行巻」行一念釈下、「信巻」大信釈下に引用している。

　この二種の深信は機の深信と法の深信と名づけられ、従来その基本的な理解として、機の深信（信機）は、

　救いのはたらきを受ける私たちの本来のすがた（＝性得の機）を知る（信知する）こと、すなわち「自身」は「無有出離之縁」と知らせていただくことである。いいかえれば自身の能力は迷いを出るためにまったく役に立たない（＝自力無功）と信知することであるから、それは自らの力をあてにするという自力を捨てることであり（＝捨自）、また機のはからいを捨てること（＝捨機）でもある。[6]

とされ、法の深信（信法）は、

　私たちを救う如来の願力のすくい（＝摂受の法）を知る（信知する）こと、すなわち如来の願力は「無有出離之縁」の機を救いとって、間違いなく浄土に往生させてくださると知らせていただくことである。いいかえれば自身が迷いを出るには全てを願力・他力にまかせるほかはない（＝他力全託）と信知することであるから、それはそのまま他力に帰すること（＝帰他）であり、また他力という法に託すること（＝託法）でもある。[7]

とされる。そして、この二種の深信は他力の信心の相の両面をあらわしたものであるとされ、別のもので

も、互いに矛盾するものでもなく、二種一具であるとされる。

本研究の第一の目的は、この二種深信について実証的に調査するということにある。これは、従来、聖教を中心に概念としてこの二種深信についての研究が重ねられてきているが、その概念が実際に人々の上でどのように受け止められているか、ということを調査することである。本研究では特に二種深信の重要な側面である二種一具ということに注目し、これを検証していくこととする。

さらに本研究においては、真宗において語られる二種深信という概念が一般的にどのような概念と相似しているかということを探るために、自我同一性、アイデンティティとの相関についても考察していくこととする。

アイデンティティとは、もともとエリクソン（E. H. Erikson）によって提唱された精神分析的自我心理学の用語であり、その人格発達理論における青年期の心理社会的危機を示す概念であったが、歴史的・民族的・社会的な一個人の存在全体を示す概念としても用いられ、また青年期のみならず人の人生全般に関わる課題として捉えられている概念である。

このアイデンティティの概念は、エリクソンによると、

自我のさまざまな統合方法に与えられた自己の同一と連続性が存在するという事実と、これらの総合方法が同時に他者に対して自己がもつ意味の同一と連続性を保証するはたらきをしているという事実の自覚である(8)

とされ、これは「自分であること」「自己の存在証明」「真の自分」「主体性」などの意味を持ち、第一に、自己の単一性、連続性、不変性、独自性の感覚を意味し、第二に、一定の対象との間あるいは一定の集団

との間で、是認された役割の達成、共通の価値観の共有を介して得られる連帯感、安定感に基礎づけられた自己価値および肯定的な自己像を意味するとされる(9)。

そして、アイデンティティと二種深信という二つの概念を比較すると、それぞれ、自己に関する自覚と他者から保証された自己の自覚、そして、その両面が同時に成立している、という点で一致しており、概念的に相似するものであると考えられるのであり、アイデンティティが真宗的に確立されたものが二種深信であると捉えることが可能であるとも考えられる。これは、つまり、罪悪生死の凡夫というような自己の同一と連続性が存在するという事実と、その自己が阿弥陀如来から同一と連続性を保証されているという事実の自覚であると考えられる。ただし、自我同一性の概念における他者は、自分の周りの人間、社会を意味していると考えられるのに対して、ここでは、他者を阿弥陀如来という宗教的象徴と想定している。このことは、この仮説設定のうえで留意が必要であると考えられるが、本研究ではその点も含めて検証していくこととする。

このように、アイデンティティと二種深信の相関を実証的に調査することによって、浄土真宗の心理的側面、その実証的研究に資することが可能であるかを検証していくことが本研究の第二の目的である。

四　方法

1　調査方法

本研究においては質問紙法を用いる。この理由としては、質問紙法には多数の調査対象者から個人の内面を幅広く把握できるという利点があり、本研究の目的である真宗の心理的側面の実態調査、具体的には、機の深信と法の深信の相関、二種深信とアイデンティティの相関を見るのに最適であると考えられる、ということが挙げられる。

2　調査対象

本研究の真宗信仰の実態調査という目的から、真宗と関係がある人々を対象とする必要があるために、幼少時から真宗と深く関わり、そして現在も真宗を学んでいるであろうと推測される学生を対象として調査を行った。

質問紙は、各講義の終了約十五分前に配布し、講義終了時に回収した。

配布の内訳は、二〇〇四年六月二十三日に三・四回生を対象とした講義において85部配布し77部を回収、二〇〇四年七月一日に一・二回生を対象とした講義において102部配布し98部を回収、計175部を回収し、回収率は93・6パーセントであった。

この175部のうち白紙回答および欠損値の著しいものを除いた結果、計169部となり、その内訳は男119名（70・4パーセント）、女50名（29・6パーセント）。所属宗教団体は浄土真宗本願寺派が106名（62・7パーセント）、それ以外が63名（37・3パーセント）。信仰する宗教としては浄土真宗が114名（67・5パーセント）、真宗以外が55名（32・5パーセント）。浄土真宗寺院との関係としては僧籍ありが60名（35・5パーセント）、寺族（僧籍なし）が51名（30・2パーセント）、門徒が6名（3・6パーセント）、関係なしが52名（30・8パーセント）であった。

3　調査項目の設定

本調査の質問項目は上記の理論的枠組みによって設定した。

まず、第Ⅰ群はアイデンティティに関する項目として、谷冬彦が開発した「多次元自我同一性尺度」を用いた[10]。この尺度は、エリクソンの自我同一性の概念を忠実に再現しようとして精緻な手順で開発されたものであり、本研究の目的である二種深信とアイデンティティの概念的な比較を行う際に、適していると考えられる。

この「多次元自我同一性尺度」はエリクソンのアイデンティティの概念に従い、「自己斉一性・連続性[11]」「対自的同一性[12]」「対他的同一性[13]」「心理社会的同一性」という四つの下位概念から構成されており、その項目は**表1**のようになっている。

次に第Ⅱ群として、二種深信に関する項目を設定した。この項目設定に際しては、従来の基本的な二種深信理解に基づき、機の深信に関する項目14項目、法の深信に関する項目10項目を作成した。その項目は**表2**のようになっている。

4　結果

以下に本調査における各質問項目の基本的な記述統計量と本研究の目的に関する項目の結果を示す。

まず、本調査における各項目の記述統計量として、度数、平均値、標準偏差を示すと以下の**表3**、**4**の通りになった。

次に各下位概念ごとの記述統計量を示すと**表5**のようになる。

表—1　多次元自我同一性尺度

自己斉一性・連続性	逆	I-1	過去において自分をなくしてしまったように感じる。
自己斉一性・連続性	逆	I-5	過去に自分自身を置き去りにしてきたような気がする。
自己斉一性・連続性	逆	I-9	いつのまにか自分が自分でなくなってしまったような気がする。
自己斉一性・連続性	逆	I-13	今のままでは次第に自分を失っていってしまうような気がする。
自己斉一性・連続性	逆	I-17	「自分がない」と感じることがある。
対自的同一性		I-2	自分が望んでいることがはっきりしている。
対自的同一性		I-6	自分がどうなりたいのかはっきりしている。
対自的同一性		I-10	自分のするべきことがはっきりしている。
対自的同一性	逆	I-14	自分が何をしたいのかよくわからないと感じる。
対自的同一性	逆	I-18	自分が何を望んでいるのかわからないと感じる。
対他的同一性	逆	I-3	自分のまわりの人々は、本当の私をわかっていないと思う。
対他的同一性		I-7	自分は周囲の人々によく理解されていると感じる。
対他的同一性	逆	I-11	人に見られている自分と本当の自分は一致しないと感じる。
対他的同一性	逆	I-15	本当の自分は人には理解されないだろう。
対他的同一性	逆	I-19	人前での自分は、本当の自分ではないような気がする。
心理社会的同一性		I-4	現実の社会の中で、自分らしい生き方ができると思う。
心理社会的同一性		I-8	現実の社会の中で、自分らしい生活が送れる自信がある。
心理社会的同一性		I-12	現実の社会の中で自分の可能性を十分に実現できると思う。
心理社会的同一性	逆	I-16	自分らしく生きてゆくことは、現実の社会の中では難しいだろうと思う。
心理社会的同一性	逆	I-20	自分の本当の実力を生かせる場所が社会にはないような気がする。

表—2　二種深信に関する項目

機の深信		II-1	自分は罪深いものであると思う
機の深信		II-3	自分自身には本来救われる可能性はないと思う
機の深信		II-5	自分は欲にまみれたものだと思う
機の深信		II-7	自分はこれまで、数々の罪を犯してきたと思う
機の深信		II-9	自分は悪人だと思う
機の深信	逆転	II-11	自分はこれまで、多くのよい行いを積んできたと思う
機の深信	逆転	II-13	人間の本性は善であると思う
機の深信		II-15	自分は本来迷い続けている存在だと思う
機の深信		II-17	自分は本来救われがたいものであると思う
機の深信		II-19	自分の力では救いを得ることができないと思う
機の深信		II-20	人間の本性は悪であると思う
機の深信		II-21	救われがたい自分が阿弥陀仏によって救われていると思う
機の深信	逆転	II-22	自分の力によって救いを得ることができると思う
機の深信	逆転	II-24	自分は善人だと思う
法の深信		II-2	阿弥陀如来の力によって救われると思う
法の深信		II-4	阿弥陀如来に抱かれているという実感を味わう
法の深信		II-6	阿弥陀如来による救いを信じている
法の深信		II-8	私の生き方は、阿弥陀如来によって裏打ちされていると思う
法の深信	逆転	II-10	私は阿弥陀如来による救いに疑念を抱くことがある
法の深信		II-12	阿弥陀如来に帰依することによって、人生の目標が与えられていると思う
法の深信		II-14	阿弥陀如来によってのみ救われると思う
法の深信		II-16	阿弥陀如来は、我々に自己の存在の意味を教えてくれると思う
法の深信		II-18	阿弥陀如来は本当の自分を理解してくれていると思う
法の深信		II-23	阿弥陀如来のおかげで自分らしい生き方ができると思う

表―3　第Ⅰ群（多次元自我同一性尺度）記述統計量

	度数	平均値	標準偏差
Ⅰ－1　過去において自分をなくしてしまったように感じる	167	5.28	1.89
Ⅰ－2　自分が望んでいることがはっきりしている。	169	4.59	1.61
Ⅰ－3　自分のまわりの人々は、本当の私をわかっていないと思う。	169	3.83	1.55
Ⅰ－4　現実の社会の中で、自分らしい生き方ができると思う。	169	4.02	1.74
Ⅰ－5　過去に自分自身を置き去りにしてきたような気がする。	169	4.86	1.93
Ⅰ－6　自分がどうなりたいのかはっきりしている。	169	4.67	1.87
Ⅰ－7　自分は周囲の人々によく理解されていると感じる。	169	3.90	1.40
Ⅰ－8　現実の社会の中で、自分らしい生活が送れる自信がある。	169	4.02	1.64
Ⅰ－9　いつのまにか自分が自分でなくなってしまったような気がする。	169	5.14	1.79
Ⅰ－10　自分のするべきことがはっきりしている。	169	4.51	1.72
Ⅰ－11　人に見られている自分と本当の自分は一致しないと感じる。	169	3.83	1.70
Ⅰ－12　現実の社会の中で自分の可能性を十分に実現できると思う。	168	3.85	1.48
Ⅰ－13　今のままでは次第に自分を失っていってしまうような気がする。	169	4.68	1.86
Ⅰ－14　自分が何をしたいのかよくわからないと感じる。	169	4.37	1.89
Ⅰ－15　本当の自分は人には理解されないだろう。	168	4.33	1.67
Ⅰ－16　自分らしく生きてゆくことは、現実の社会の中では難しいだろうと思う。	169	3.95	1.90
Ⅰ－17「自分がない」と感じることがある。	168	5.07	1.91
Ⅰ－18　自分が何を望んでいるのかわからないと感じる。	168	4.64	1.79
Ⅰ－19　人前での自分は、本当の自分ではないような気がする。	168	4.23	1.91
Ⅰ－20　自分の本当の実力を生かせる場所が社会にはないような気がする。	169	4.83	1.60

表―4　第Ⅱ群（二種深信に関する項目）記述統計量

	度数	平均値	標準偏差
Ⅱ－1　自分は罪深いものであると思う。	169	4.50	1.86
Ⅱ－2　阿弥陀如来の力によって救われると思う。	168	3.80	1.84
Ⅱ－3　自分自身には本来救われる可能性はないと思う。	169	3.66	1.70
Ⅱ－4　阿弥陀如来に抱かれているという実感を味わう。	169	2.85	1.73
Ⅱ－5　自分は欲にまみれたものだと思う。	169	5.64	1.48
Ⅱ－6　阿弥陀如来による救いを信じている。	169	3.93	1.96
Ⅱ－7　自分はこれまで、数々の罪を犯してきたと思う。	169	5.29	1.65
Ⅱ－8　私の生き方は、阿弥陀如来によって裏打ちされていると思う。	169	3.24	1.66
Ⅱ－9　自分は悪人だと思う。	169	4.59	1.87
Ⅱ－10　私は阿弥陀如来による救いに疑念を抱くことがある。	169	3.79	2.00
Ⅱ－11　自分はこれまで、多くのよい行いを積んできたと思う。	169	4.72	1.57
Ⅱ－12　自分の力では救いを得ることができないと思う。	169	4.27	1.67
Ⅱ－13　人間の本性は善であると思う。	169	4.60	1.78
Ⅱ－14　阿弥陀如来によってのみ救われると思う。	169	3.07	1.83
Ⅱ－15　自分は本来迷い続けている存在だと思う。	169	5.09	1.80
Ⅱ－16　阿弥陀如来は、我々に自己の存在の意味を教えてくれると思う。	169	3.91	1.81
Ⅱ－17　自分は本来救われがたいものであると思う。	169	4.40	1.63
Ⅱ－18　阿弥陀如来は本当の自分を理解してくれていると思う。	169	3.77	1.95
Ⅱ－19　阿弥陀如来に帰依することによって、人生の目標が与えられていると思う。	169	3.58	1.85
Ⅱ－20　人間の本性は悪であると思う。	169	4.34	1.87
Ⅱ－21　救われがたい自分が阿弥陀仏によって救われていると思う。	169	3.55	1.78
Ⅱ－22　自分の力によって救いを得ることができると思う。	169	4.46	1.64
Ⅱ－23　阿弥陀如来のおかげで自分らしい生き方ができると思う。	169	3.46	1.68
Ⅱ－24　自分は善人だと思う。	169	5.20	1.50

表—5　各下位概念ごとの記述統計量

	度数	平均値	標準偏差	平均値(/項目数)	標準偏差
自己斉一性・連続性	166	25.05	7.84	5.01	1.57
対自的同一性	168	22.8	7.04	4.56	1.41
対他的同一性	167	20.12	6.16	4.02	1.23
心理社会的同一性	168	20.69	6.18	4.14	1.24
機の深信	169	64.3	12.94	4.59	0.92
法の深信	168	35.37	13.7	3.54	1.37

表—6　第Ⅱ群　因子分析結果

	因子		
	1	2	3
Ⅱ－23 阿弥陀如来のおかげで自分らしい生き方ができると思う。	**0.868**	-0.071	-0.111
Ⅱ－18 阿弥陀如来は本当の自分を理解してくれていると思う。	**0.864**	-0.115	0.027
Ⅱ－21 救われがたい自分が阿弥陀仏によって救われていると思う。	**0.858**	-0.049	0.020
Ⅱ－16 阿弥陀如来は、我々に自己の存在の意味を教えてくれると思う。	**0.857**	-0.018	-0.102
Ⅱ－19 阿弥陀如来に帰依することによって、人生の目標が与えられていると思う。	**0.853**	-0.178	0.075
Ⅱ－2 阿弥陀如来の力によって救われると思う。	**0.786**	0.089	-0.134
Ⅱ－6 阿弥陀如来による救いを信じている。	**0.756**	0.037	-0.028
Ⅱ－4 阿弥陀如来に抱かれているという実感を味わう。	**0.749**	-0.055	0.034
Ⅱ－14 阿弥陀如来によってのみ救われると思う。	**0.689**	0.105	0.019
Ⅱ－8 私の生き方は、阿弥陀如来によって裏打ちされていると思う。	**0.687**	0.136	0.026
Ⅱ－17 自分は本来救われがたいものであると思う。	0.348	0.335	0.282
Ⅱ－5 自分は欲にまみれたものだと思う。	-0.028	**0.757**	-0.054
Ⅱ－9 自分は悪人だと思う。	0.123	**0.721**	0.024
Ⅱ－7 自分はこれまで、数々の罪を犯してきたと思う。	-0.006	**0.699**	-0.009
Ⅱ－1 自分は罪深いものであると思う。	0.040	**0.695**	-0.100
Ⅱ－10 私は阿弥陀如来による救いに疑念を抱くことがある。	0.320	**-0.584**	0.115
Ⅱ－15 自分は本来迷い続けている存在だと思う。	0.080	**0.432**	0.155
Ⅱ－12 自分の力では救いを得ることができないと思う。	0.305	**0.427**	0.031
Ⅱ－3 自分自身には本来救われる可能性はないと思う。	-0.152	**0.362**	0.148
Ⅱ－13 人間の本性は善であると思う。	-0.054	-0.221	**0.946**
Ⅱ－20 人間の本性は悪であると思う。	0.093	0.123	**0.540**
Ⅱ－24 自分は善人だと思う。	-0.070	0.371	**0.415**
Ⅱ－11 自分はこれまで、多くのをよい行いを積んできたと思う。	-0.162	0.103	0.341

以上が、本調査における各項目および各下位尺度の記述統計量であるが、続いて本研究の目的に関する結果を示していく。

本研究の第一の目的である二種深信に関する調査として、第Ⅱ群の項目について、まず項目が、解釈通りに機の深信と法の深信を反映しているものかどうかを確認するために、この24項目について因子分析を行った。その結果、第三因子と第四因子の間に固有値の大きな差が見られたために、因子数を三と決定した。

続いて、この24項目について因子分析を行い、プロマックス回転を施したところ、Ⅱ―22については共通性が低く、因子負荷量も小さいことから、この項目を除外した。そして、Ⅱ―22を除外した23項目について、因子数を三とした因子分析を行った結果を示したものが表6である。

この結果から、第一因子が法の深信、第二因子が機の深信を意味するものであると解釈される。第三因子については本来、機の深信を意味するものとして設定された項目において因子負荷量が高いものの、第二因子とは独立したものとして抽出されており、これは示唆に富んでいるものであると考えられる。しかし、本研究の目的とは外れるため、ひとまず置いておくこととする。

次に機の深信と法の深信の二種一具という面を調査するために、この機の深信因子に関する項目と法の深信因子に関する項目の得点の相関係数を算出すると、r＝0.45、p≦.01となった。この散布図を示すと図1のようになる。

さらに、この二種一具の関係について、真宗信仰との関わりを調べるために、信仰する宗教は？　との設問に真宗と答えた群と真宗以外と答えた群とに分け、それぞれの群において同様に機の深信因子の得点

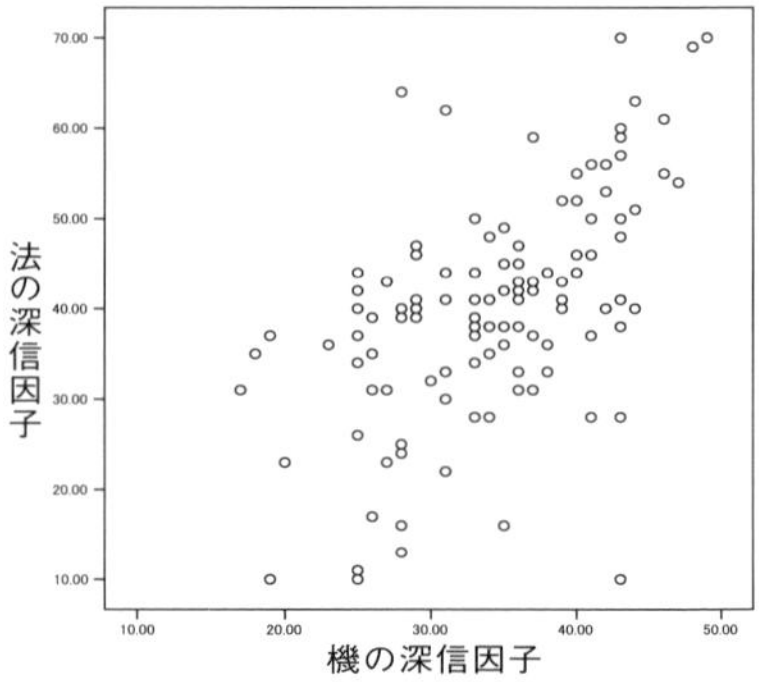

図―1　機の深信と法の深信の相関図
（全体）

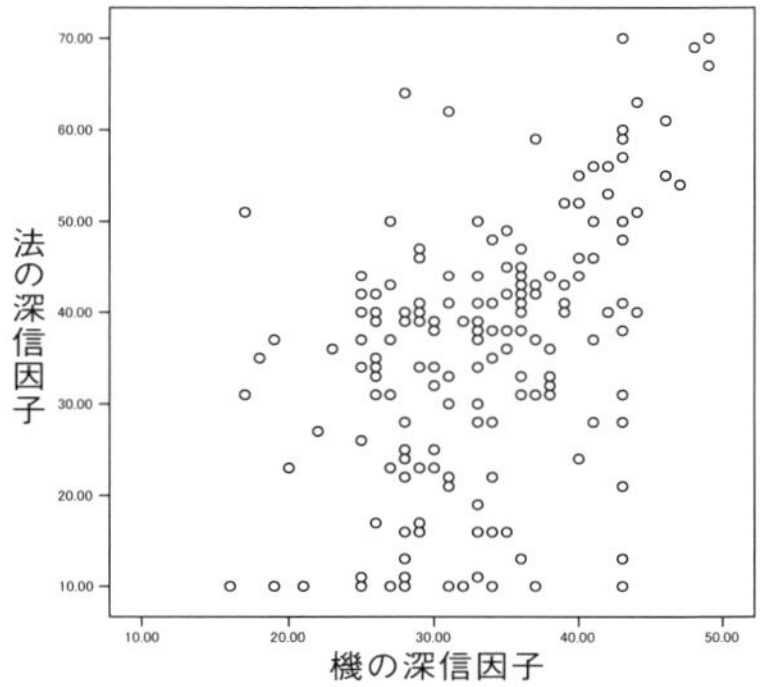

図―2　機の深信と法の深信の相関図
（真宗信仰）

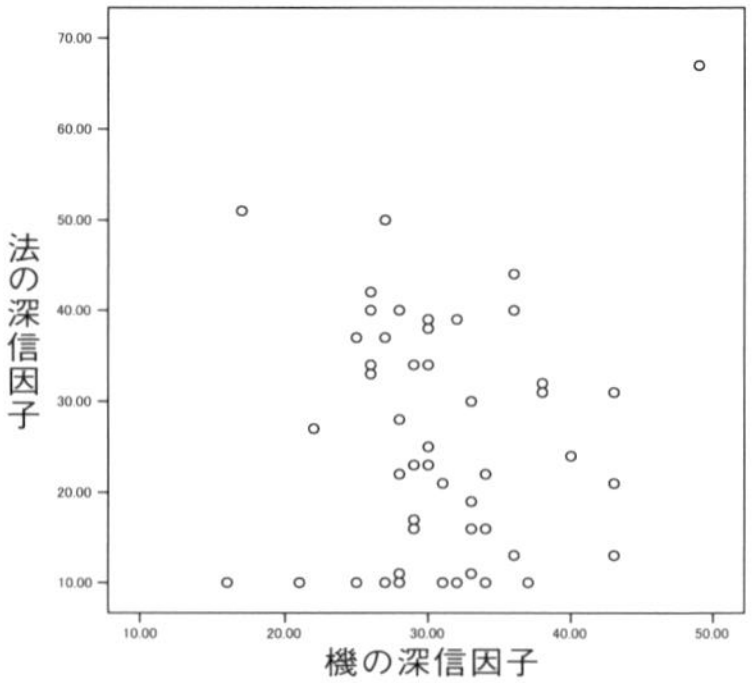

図―3　機の深信と法の深信の相関図
（真宗信仰以外）

と法の深信因子の得点との相関係数を算出した。その結果、信仰する宗教として真宗と答えた群においてはr＝0.55、p≦.01、真宗以外と答えた群においてはr＝0.06（無相関）となった。それぞれの関係を散布図に示すと**図2、3**のようになる。

次に本研究の第二の目的である二種深信と自我同一性の関係を調べるために、自我同一性に関する第Ⅰ群の下位尺度の得点と第Ⅱ群の機の深信因子の得点、法の深信因子の得点との相関関係を算出すると**表7**のようになった。

さらに、信仰する宗教について真宗と答えた群についても、この相関をみると**表8**のようになった。この結果からは自我同一性と二種深信との有意な相関はみられなかった。

表—7　自我同一性と二種深信の相関（全体）

	自己斉一性・連続性	対自的同一性	対他的同一性	心理社会的同一性	機の深信	法の深信
自己斉一性・連続性	1.00	0.46	0.65	0.55	-0.17	0.02
対自的同一性	0.46	1.00	0.42	0.57	0.16	0.23
対他的同一性	0.65	0.42	1.00	0.67	-0.21	0.09
心理社会的同一性	0.55	0.57	0.67	1.00	-0.06	0.21
機の深信	-0.17	0.16	-0.21	-0.06	1.00	0.45
法の深信	0.02	0.23	0.09	0.21	0.45	1.00

表—8　自我同一性と二種深信の相関（真宗信仰）

	自己斉一性・連続性	対自的同一性	対他的同一性	心理社会的同一性	機の深信	法の深信
自己斉一性・連続性	1.00	0.41	0.67	0.62	-0.21	0.02
対自的同一性	0.41	1.00	0.42	0.63	0.14	0.32
対他的同一性	0.67	0.42	1.00	0.67	-0.21	0.05
心理社会的同一性	0.62	0.63	0.67	1.00	-0.04	0.20
機の深信	-0.21	0.14	-0.21	-0.04	1.00	0.55
法の深信	0.02	0.32	0.05	0.20	0.55	1.00

5　考察

以上の結果から、本研究の目的に関して考察していく。

まず、第一の目的である二種深信を実証的に調査し、従来いわれる二種一具ということが人々の上でもいえるのか、ということについてであるが、本調査においては、この二種深信を調べるために24の項目を設定した。この24項目が意図する機の深信と法の深信を探るための項目となっているかどうかを調べるために因子分析を施したのであるが、その結果、本来の意図とは異なり三因子が抽出された。このうち第一因子は法の深信、第二因子は機の深信を意味するものであると解釈されるのであるが、第三因子は、本来機の深信の一部として設定された項目群であった。これらの項目をみると「Ⅱ—13　人間の本性は善であると思う」「Ⅱ—20　人間の本性は悪であると思う」「Ⅱ—24　自分は善人だと思う」となっており、項目数が少ないのと、Ⅱ—24　については問題が残るものの、これは人間観に関する因子であると考えられる。この人間観に関する項目が独立していることから、機の深信においては、自己の罪業感、自分が救われがたい存在であるということが中心となっており、人間観とは独立したものであるということが考えられる。

そして、ここで抽出された機の深信因子と法の深信因子に関する項目群の得点の相関をみた結果、全体ではr＝0.45、真宗を信仰する群においてはr＝0.55、真宗以外を信仰する群においてはr＝0.06となった。真宗以外を信仰する群のサンプル数が少ないものの、この結果から、真宗を信仰するとした学生においては機の深信的な自覚と法の深信的な自覚は比較的強い相関があるといえ、この結果は、機の深信と法の深信の二種深信は二種一具であるという従来の宗学における考えを支持しているようにも考えられる。

しかし、一概にそうともいい切れない部分がある。なぜならば、従来、二種深信は、二種深信即二種一具という捉え方が中心となっており、本研究の結果のように比較的相関が高いという曖昧な関係を想定したものとはなっていないからである。

次に第二の目的である二種深信と自我同一性との関係についてであるが、機の深信因子と法の深信因子の得点は、自我同一性尺度の各下位尺度とはほとんど相関がないか、弱い相関しか確認できなかった。このことから、概念的に相似していると考えられた二種深信と自我同一性の概念であるが、調査結果からいえば、その仮説は支持されなかったといえる。このことは、二種深信と自我同一性という二つの概念が少なくとも真宗を学ぶ学生においては相似するものではなかったということを意味しているものと考えられる。

このような結果の原因は本調査からは明らかとはならないが、単に二種深信と自我同一性という二つの概念が異なるものであるのか、自我同一性が「自分とはなにか」という自分の存在自体に深く関わるのに対して、二種深信が単に知識的理解に留まっているのか、また、自我同一性が基本的に青年期において問題となるのに対して、二種深信というような真宗の教えに基づくものは、より発達段階の経過が必要となるのか、といった原因が推測されることとなり、これらを究明していくことは今後の課題として捉えられる。

五　おわりに

以上、本研究においては質問紙法を用いて真宗信仰の実態を調査し、特に他力の心相として扱われている二種深信に注目し、機の深信と法の深信、二種深信と自我同一性の相関をみようとしたのであるが、その結果としては、機の深信と法の深信は比較的二種一具の関係にある、二種深信と自我同一性は少なくともこの調査からは関係がない、というものとなった。

本研究のこの成果は、本来の目的である真宗信仰の実態を調査するということからすれば、不十分なものであると考えられ、今後さらなる研究が重ねられる必要があるものと考えられる。しかし、本研究においてたような手法によって、従来の教義を中心とした真宗学および伝道学研究において捉えることが難しかった現実の信仰としての真宗、そして、その曖昧さ、多様性を研究の対象とすることが可能となった点においては、今後期待できるものであると考えられる。

註

（1）『浄土真宗聖典全書』一、七六二頁。
（2）『浄土真宗聖典　七祖篇』註釈版、四五七頁。
（3）『浄土真宗聖典全書』一、九一二頁。
（4）『浄土真宗聖典　七祖篇』註釈版、六五四頁。
（5）『浄土真宗聖典全書』二、二九六頁。註釈版、五二二頁。
（6）『新編　安心論題綱要』本願寺出版社、二〇〇二年、二八頁。
（7）同前。
（8）E・H・エリクソン、小此木啓吾訳『自我同一性――アイデンティティとライフ・サイクル――』誠信書房、一九七三年、一〇頁。
（9）『心理学事典』平凡社、一九八一年、三頁。
（10）谷冬彦「青年期における同一性の感覚の構造――多次元自我同一性尺度（MEIS）の作成――」（『教育心理学研究』四九-三、二〇〇一年）。谷氏はエリクソンの記述から、自我同一性の概念定義を次の二つにまとめている。（a）自我同一性の感覚とは、自分自身の斉一性・連続性と、他者に対して自分が持つ意味の斉一性・連続性が一致するという感覚である。（b）自我同一性の感覚には、自分が理解している社会的現実の中で定義された自我へと発達しつつあるという感覚、すなわち、心理社会的同一性の感覚が含まれる。
（11）自己の不変性および時間的連続性の感覚。
（12）自己についての明確さの感覚。
（13）本当の自分自身と他者からみられているであろう自分自身が一致するという感覚。

第三章

対話と傾聴

仏教カウンセリングにおける「きく」

吾勝常行

一　はじめに

「仏教カウンセリング」という固有名詞は、四天王寺学園女子短期大学（現四天王寺大学）教授をしていた藤田清（一九〇七～一九八八）の著書『佛教カウンセリング』（誠信書房、一九六四年）の書名にはじまる。当時、藤田は一九五九年より三年間ほど中学と高校でカウンセラーを務め、一九六二年五月以後は主に四天王寺人生相談所に勤務していた。(1) 本書の後半には、人生相談所に勤務した二年間の記録を報告している。聖徳太子研究をしていた藤田は、この人生相談所が聖徳太子の仏教精神に基づくものであることを指摘している。四天王寺は日本最初の社会福祉施設としての四院（敬田院の他に施薬院、療病院、悲田院）が設けられたが、この仏教と社会福祉施設の併設の精神がこの人生相談所の根拠となっている。換言すれば、仏教における実践活動の近代化がこの人生相談所の意義であった。したがって宗教問題にとどまらず、ひろく社会全般の問題に対応できるよう僧侶以外に、弁護士、医師、心理学者、教師等がその構成員として組織されている。構成員は相談員六名（初代所長は勧学院長奥田慈応）、事務職員三名による。相談時間は毎日午後一時から五時までで、時に所長が午前中の相談にも応じている。

また最初の一か年間の運営実績であるが、来談者数は一三二三名、件数にして一〇九八件であり、一日平均三、四名の相談があったことになる。相談内容としては、心の問題、その悩みの背後には宗教的な問題に限らず、健康や法律、教育や生活問題等が深く関係していることが多くある。最も多いのが法律相談であり、次いで家庭相談、教育相談、宗教相談の順で、その他、職業相談、医療相談等のあったことが報告されている。相談内容の分類に関わる課題として、主訴が法律相談と思われたものが、相談が進むにつれ宗教問題に変わったり、家庭問題と思われたものが相談過程の中で医療問題になったりする場合が報告されている。しかし藤田は、どのような問題も来談者にとって問題でなくなることが第一であると捉えている。そのような視点は、自他対立の根本にある妄執の解消にあるとするが、そこに相談仏教の立場があるとみる。

一九五九年、藤田は論文「共談（カウンセリング）仏教を提唱する――仏教革新論――」（『全人』六-二）を発表し、「共談」をカウンセリングの訳語としただけでなく、その言葉に仏教思想の視点、すなわち縁起観を主張したのであった。この「共談仏教」という表現は、三つのキョウダン、すなわち「教団仏教」「教壇仏教」「共談仏教」の一つであり、同じ発音として工夫したものである。「教団仏教」とは寺院組織を中心とした既成教団の仏教であり、「教壇仏教」とは原典研究を中心とした仏教研究を意味する。これらの重要性はいうまでもないが、仏教は本来、生老病死の苦悩を克服する実践道である。その方法は釈尊の対機説法にみる一対一の対話形式による教化を特色とする。したがって、死者儀礼や科学的方法による学問研究のみにとどまらず、人々の悩みの解決に直接寄与すべき仏教として「共談仏教」を主張した。著書『佛教カウンセリング』には現代における仏教復興への悲願として、「仏教は本来カウンセリング体系である」（自序）と述べている。名称の問題としては、仏教カウンセリングでは落ち着かず、のちに「相談（カウンセリング）仏教」としたようである。

藤田は、その実践技法を仮に「否定的啓発法」と名づけた。(2) 命名は仏教学、とりわけ龍樹の中論研究者である山口益の示唆によるものであった。これは、聴き手（仏教カウンセラー）が話し手（クライエント）の立場に立って相談を進めながら、話し手に対し聴き手が不自然に感じられたところを問いかけ、話し手が気づかぬかのように抑えていたその点を考えるように仕向けることで、自然に話し手自身が自分の矛盾に気づくことになり、話し手を新しい視野に立たせ、問題を解消させていく方法である。(3) 藤田の著書『佛教カウンセリング』には二つの事例が報告されている。一つは「息子を殺してわたくしも死んでしまいたい」という婦人の事例、もう一つは「子供に対する不信感」を持つ中年男性の事例である。両者ともに、最初に固執して気づかなかった矛盾が内から崩れ、新たな展望が拓けるというものである。前者の事例でいえば、社会人になった長男の問題で来談した母親が、はじめは「息子が悪い息子が憎い」と罵っていたが、相談が進むにつれ、その責任の一端は母親自身にもあると感じ、「息子が可哀そうだ、何とかしてやりたい」と、その気持ちに変化があらわれてきた。そこで藤田が長男の幼い頃のことを聞いてみると、幼い頃の愛児を思い出してか、「息子を殺してしまいたい」とはまったく反対の言葉が聞かれたとして相談を終結している。息子の現状に否定的になっている母親が、相談が進むにつれ自分の気持ちに疑問を感じ、その本心に気づいたという事例である。つまり、聴き手が話し手に指示することはしない（非指示）。しかし、話し手の否定的な気持ち（たとえば憎しみ等）について、理論的にではなく聴き手が不自然に感じられたところを問いかけることで、話し手の気づきが深まるように対話するという点で、中論の方法に近いというのが否定的啓発法である。藤田は、来談者の悩みは、来談者自身の中の光明（仏性）が無明の壁を破ろうと働きかけているところに起こるものと考えている。(4)したがって、その悩みの根源である葛藤を葛藤として明瞭にしていくところに、否定的啓発法の意義を見出すものである。

そこで拙論では、藤田のいう悩みの根源である葛藤を葛藤として明瞭にしていく作業、換言すれば、聴き手の「不自然に感じられたところ」を問いかける点に着目し、「今、ここで」の対人援助関係について、カウンセラーがありのままに自己自身である（自己一致）ほど、クライエントに意識変容が生じやすくなるという仮説に基づき、仏教カウンセリング、真宗カウンセリングを考察するとともに、仏教カウンセラーの内部で生じている深い自己一致について検討する。

二　宗教に親和性をもつロジャーズのカウンセリング

さて、一九四〇年代半ばから六〇年代前半までの間、アメリカではカール・ロジャーズ（C.R.Rogers 一九〇二〜一九八七）が主唱した非指示的（Non-Directive）クライエント中心療法（Client-Centered Therapy）といわれるカウンセリングが大変広い影響力を持っていた。古典的名著とされるセワード・ヒルトナー著『牧会カウンセリング』にも広く採用されている。日本では、友田不二男や伊東博により研究、翻訳出版された。シカゴ大学においてロジャーズの下で学んだローガン・フォックスが、茨城キリスト教大学に宣教師として着任し、日本の研究者と共同研究したこともあって、ロジャーズのカウンセリングが非常な勢いで発展しはじめたようである。その中、一九六一年夏、日本政府の法務省、産業訓練協会と茨城キリスト教大学の共催でロジャーズを日本に招き、東京、京都、神戸等で六週間に亘るワークショップが開催された。このような雰囲気の中で、アメリカへ留学し牧会カウンセリングを学んだ日本人牧師である三永恭平や気仙三二らは「日本牧会カウンセリング研究会」を立ち上げ、一九六三年二月一日、東京銀座教会で「日本牧会カウンセリング協会」設立を決議している。またその月刊誌『病む人と共に』(日本基督教団出版局、一九六六年)の副題に「病床牧会カウンセリング」とあり、カウンセリングが病床伝道との深い関わりにおいて考えられている(5)。

牧会カウンセリングに採用されたカール・ロジャーズのカウンセリングは、一方では藤田の「仏教カウンセリング」にも影響を与えたが、ロジャーズの来日を期し、そのワークショップに参加した一人に西光義敞(一九二五~二〇〇四)がいる。彼は、一九六一年夏、京都大学で行われたアメリカン・セミナーでロジャーズの講義を傍聴している(6)。その時、西光は平安学園の生徒課のカウンセリング係であった。西光はのちに藤田の業績を「日本において、仏教から心理学へ、東洋から西洋へ、実践的な架橋を実現しようとした早期の試み」と評価し、十分検討に値すると述べている(7)。また諸富祥彦は、仏教カウンセリングの主な提唱者を挙げ、その独自性について「彼らがもともと身につけていた仏教的な人間理解の枠組みへとロジャーズを同化・吸収し、それによって独自の東洋的なカウンセリング観を形成していった」と評価した(8)。

西光は仏教復興への悲願を継承し、藤田の提唱した仏教カウンセリングの基本的態度を踏襲し「真宗カウンセリング」を提唱した。[9]一九六一年には「真宗カウンセリング研究会」を龍谷大学内に設立し、研究・研修・実践を三本柱に活動を展開した。しかし、「真宗カウンセリング」の命名は暫定的であるとしている。晩年にはDharma-based, Person-centered Approach（ＤＰＣＡ。西光はＤＰＡと称した）と英訳した。[10]この場合、Dharma-basedとは「ブッダの目覚めを基調とした」「ブッダの悟れる法（真理、真実）に基づく」という意味であるから、「仏法に基づく人間尊重のアプローチ」と定義することができる。

この英訳は、真宗（仏教）とカウンセリングの二者の接点をあらわす〝と〟に焦点を当てた、主観性をもつ心理臨床的解釈といえる。なぜなら、真宗カウンセリングという名称では不明瞭な、真宗とカウンセリングの二重の構造を明らかにするからである。構造的にも、実践的にも重層性をもつことを意味した。この点に対立的（and）ではなく、統合的（based）な意義を見出そうとする営みであるといえよう。したがって、この関係性において真宗カウンセリングは仏教カウンセリングである。また、Person-centered Approachとは人間性心理学に属するロジャーズのスキルである。

三　二重構造をもつ仏教カウンセリング

ところで、「仏教カウンセリング」の定義について、『カウンセリング辞典』には次のように解説されている。

仏教もカウンセリングもともに、生きている人間の心の問題に応えようとする。人間存在の核心に迫り、真の自己実現をさぐろうとしている実践道である。そういう意味で共通の基盤に立つ両者が、積極的に協力し合い交流し合って、新しい仏教、もしくは新しいカウンセリングの流れを創ろうとする勢力を、仮に名づけて「仏教カウンセリング」という[11]。

ここには、その命名が暫定的であることが示されている。ただ、歴史も思想もまったく異なる仏教とカウンセリングが、「生きている人間の心の問題に応えようとする」ところに共通基盤をもつことは注目されてよい。

さらに、その共通基盤に立つ両者の担うべき課題として、次の二点を指摘している。

基本的には「悟り」という自己超越に導くカウンセリングであると同時に、仏教的人間観に立って、自己実現や自己治癒を援助するという二重構造をもったカウンセリングと性格づけることができる。

その課題であるが、「二重構造をもつ」点にその独自性があることは特筆すべきであろう。この二重構造は、藤田のいう仏教の縁起的人間観に基づくところである。

ところで、西光は仏教カウンセリングの根本課題が、仏教カウンセラーの立場や自覚にあるとした。仏教カウンセリングというとき、その仏教をカウンセラーがどのように具体的・自覚的に体得するのか。つまり、仏教精神に基づく自己一致の問題である。この問題についての言及を藤田の論文に求めたが、論文からは得られなかったようである。この課題を明確にした西光の立場が浄土真宗――この場合、浄土真宗は一宗派名というより、親鸞の明らかにした仏教精神に基づく人間的自覚と位置づけられる――であり、この浄土真宗に基づくカウンセリングを「真宗カウンセリング」として提唱したのである。以下はその理論的・実践的規定である[12]。

①真宗とカウンセリングとの出会いによって生まれるカウンセリングである。

②「名号法」を基盤にしたカウンセリングである。（名号法とは南無阿弥陀仏）
③構造的に二重の関係からなり立っている。
　ア、人と人との人格的関係
　イ、人と法（もしくは仏）との関係
④実践的には二重の配慮のうえに行われる。
　ア、心理的配慮（カウンセリング）
　イ、霊性的配慮（生死を超える仏教的配慮）

この規定によれば、仏教とカウンセリングの関係は、「法」（Dharma）を基調とした関係でありながらも、両者は決して同質のものではないことが示されている。そこが構造的・実践的二重性として、仏教における縁起的人間観の特質をもつものであることが知られる。

それでは、その二重性の特質はどのような仏教カウンセラーの援助的態度としてあらわれてくるのであろうか。以下の三点として示している。[13]

①「真宗カウンセリング」は、「法」（Dharma）を根底においた、あるいは、「法」中心のカウンセリングである。（自己一致）
②カウンセリング関係を成立せしめているカウンセラーの態度、すなわち自己と他己とを見る目が仏の目を通しているか否か（無条件の肯定的な配慮）
③絶対に身代りすることのできない、面々の宿業を負うて生きる別々の存在であるという厳しい認識を持ちながら、等しく如来の大悲招喚のなかにあるという同朋感覚にうらづけられた受容的態度

（感情移入的な理解）

仏教とカウンセリングの二重構造について、両者の統合において仏教カウンセラーは人格的関係を超えた法に自己一致を求めることにより、仏の目を通してみるところに無条件の肯定的な配慮（無条件の積極的関心）の可能性が生じ、あるいは等しく如来の大悲招喚のなかにあるという同朋感覚に裏づけられた感情移入的な理解が生じるところに、その仏教的配慮の特質をみることができる。

ところで、寺川幽芳は「宗教的カウンセリングの意義」という課題を取り上げ、宗教的対話の原理と特徴について五項目に整理している。その中、四番目の項目を次のように挙げている。

宗教的対話は、言葉による聖から俗への語りかけを基本とするから、そこでは、何よりもまず「聞く」ということがその成立の必須条件となる。その場合、相手の言葉を真摯に聞くということは、世俗的対話においてもその成立の原則であるが、宗教的対話においては、これと共に、そこで聞くことのすべてが、同時に、聖からの言を聞いているということにならねばならないという、いわば二重の意味において「聞く」ことがなされなければならない(14)。

ここに「二重の」というところが興味深い。ともに「きく」ことが対話成立の必須条件となることはいうまでもないが、世俗的対話と宗教的対話のレベルが違うだけでなく、両者が相手との対話の過程で「同時に」成立する、ここに二重の意味で「きく」ことがなければならないという。より身近にいえば、仏教の「きく」（聴聞）とカウンセリングの「きく」（傾聴）が同時に成立することを示唆しているように思えてならないのである。対人援助の場面では、必ずしも宗教的言語（発言）が求められているわけではない。そのクライエントのニーズによる。しかし、宗教的配慮は仏教カウンセラーの必須条件であると考える。その配慮は、あるいはクライエントの言葉を待つ仏教カウンセラーの沈黙のうちに漂う。

四　仏教とカウンセリングの関係についての諸説

現在、仏教とカウンセリングの関係について考える場合、その理解の主なものにおよそ三つある。ただし、仏教には禅や瞑想系のものが多く含まれるため、ここではそのカウンセラーが浄土教に立場を置くところで述べることとする。

一、類似的理解、あるいは補完的説明とする立場⒂
二、相違的理解、あるいは経緯的転換とする立場⒃
三、重層的理解、あるいは基層的配慮に基づく立場⒄

いずれもカウンセラーとクライエントの対人援助の上で行われるカウンセリング・プロセスを重視している点では共通したものである。

右記一については、そのカウンセリング・プロセスについて、カウンセリングの理論からも、仏教思想からも補完的に説明がつくというものである。たとえば譲西賢は次のように述べている。カウンセラーの受容と共感の態度により、クライエントは自己のありのままを受け入れ自己治癒力が発揮される。この自己治癒力を解釈する場合、カウンセリングでは自己治癒力であるが、真宗では阿弥陀仏のはからいによる二種深信（機の深信・法の深信）と説明できると指摘する。

右記二については、人間の悩みに応える実践法に二種ある。一つはカウンセリングであり、もう一つは仏教である。人間の悩みを大別すれば二種ある。一つは日常的な心理的悩みであり、もう一つは人類普遍の宗教的悩みである。同じ人間の悩みであっても、その対応は違う。しかしながら、カウンセリング・プロセスの中で、心理的悩みから宗教的悩みに転ずることがあり、その時、カウンセリングから仏教のアプローチに転換する必要があるというものである。たとえば友久久雄は次のように述べている。カウンセリングにおけるこころの悩みは日常生活の障りとなるこの世の問題であるが、仏教における悩みは生死の問題であり死後をも含む問題である。このことは、カウンセリングの悩みが、各個人が持つそれぞれ異なる悩みであるのに対し、仏教の悩みは「自分は必ず死ぬ身である」という全人類共通の悩みを基盤にしたものであるといえる。そして、その悩みを通してカウンセリングを受けたり、仏教に関心を持つようになるが、その目的は、カウンセリングは気づきによる自分探しであり、仏教は目覚めによる成仏すなわち死の問題を解決することである。その上で、「仏教とカウンセリングの接点」について二つあるとし、宗教的悩みに目を向けざるを得ない時を示して、一つは人の死、特に身近な人の死に直面した時であり、もう一つは、心理的悩みを、繰り返す気づきで解決している時に、宗教的悩みに気づくことがあるとする。ここに心理的カウンセリングから宗教的カウンセリングへの転換がみられ、仏教とカウンセリングの接点を見出すことができると指摘する。

右記三については、欧米と日本の文化的基盤の相違に着眼し、「さまざまなつながりを持つ個人」を重視する日本の文化的基盤を尊重したカウンセリング、すなわち仏教の縁起思想に基づくカウンセリングをいう。たとえば奈倉道隆は「仏教思想に基づくカウンセリング」と標題し、仏教カウンセリングは仏教思想（仏法）に基づき進めることができる。なぜなら、仏教は自覚の宗教であるからカウンセリングに馴染むと指摘する。さらに仏教カウンセリングは、欧米で発達した「個」を尊重するカウンセリングとは異なり、縁起論に基づいて「さまざまなつながりを持つ個人」のあり方をありのままにみつめて行われるものであるから、家族カウンセリングが適しているとしている。

五　親鸞の対人態度における三条件の検討

ここでは、ロジャーズのカウンセリング理論を援用して親鸞の対人的態度を検討し、「真宗カウンセリング」における受容や共感、自己一致に関する項目について検討したい。

まず、ロジャーズのカウンセリング理論であるが、「パーソナリティ変化の必要にして十分な条件」という論文(18)に基づく。この中でロジャーズは、建設的なパーソナリティ変化が起こるための条件として、「必要かつ十分である」六条件(19)を提示している。この六条件が建設的なパーソナリティ変化を始動するのに「必要」であり、かつその過程を進行するのに「十分」だとして、その他いかなる条件も必要ではないこと、この六条件がある期間継続するならばそれで十分であることを述べている。すなわち人格の建設的変化・自己実現が起こり得るのはこれら治療者（セラピスト、カウンセラー）の態度の反映であり、経験的な性質を明確化することが重要であることを示している。またこの六条件については教条主義的なものではなく、経験的な積み重ねによって習得されると位置づけている。つまり、「今、ここで」の二人の対人関係において、カウンセラーがありのままに自己自身である（自己一致）ほどクライエントに意識変容が生じやすくなる、という仮説である。以下、先行研究によりすでに検討されている親鸞の事例について述べておきたい。

①『歎異抄』の事例[20]（第二条、第九条）

②覚如作『本願寺聖人親鸞伝絵（御伝鈔）』の事例[21]

（下巻第三段　山伏済度、第五段　熊野霊告）

③『恵信尼消息』の事例[22]（第一通、第三通）

④覚如作『口伝鈔』の事例[23]（第十七条、第十八条）

また、検討したその結果は、次のように指摘されている。これはロジャーズのカウンセリング理論に照らして検討した親鸞の対人的態度である。

「親鸞は優れたカウンセラーであった」と多くの人に感じられるのはなぜかという理由について、西光は次のように結論づけている。この検討箇所は覚如作『本願寺聖人親鸞伝絵』（下巻第三段　山伏済度）の事例である。

カウンセリングにおける人格転換に通じる過程が、弁円と親鸞の間にも明確な形で生じた。弁円の人格転換をもたらしたものは、弁円に接する親鸞の態度である。その態度とは、親鸞の

①ありのままの心で弁円に出会った誠実な態度、

②弁円のありのままをそのまま尊重して受容する態度、

③弁円の言動に共感して裁く心をさしはさまない態度、

つまりカウンセリングもしくは人間中心アプローチの核心となる三つの態度条件にかなった態度である。対人関係において、一方の態度が深く三つの条件をみたしておれば、他方が害心や敵対心を抱い

ているとしても関係の悪化を防ぎ、その人の人間的成長、もしくは建設的な人格転換を促すことができる。(24)

ここで、先行研究に基づきつつ、親鸞の宗教的人格について検討したい。なぜなら、すでに検討された親鸞の対人態度の諸要因である受容、共感、自己一致はカウンセリングの三条件として宗教的配慮の現代化に寄与するものであり、さらにその現代化という課題について検討したいからである。なお、検討資料としては『歎異抄』第九条とする。第九条が検討対象となり得るのは、唯円との対話の場面が親鸞の対人態度を検討する場として、カウンセリングの定義(25)が適用できると考えるからである。すなわち一対一関係、言葉を媒介とした心理的接触、その関係がクライエントの自己実現を目的とすることに適うという理由から、親鸞の対人態度の「関係の質」「経験の質」に焦点を当てることが可能になるのである。また、親鸞滅後二十余年経った後も唯円の心に感慨深く残っていることは、それだけで親鸞の態度が唯円にとって援助的であったことが看取できる。ここで援助的とは、何よりも唯円にとってであり、それは唯円自身の主体的自発的関心に対する親鸞の対人態度をいう。ただし、カウンセリングと異なる点は、唯円自身の悩みが念仏の教えを聞きたいという、聞法（仏法聴聞）という内容にある。ここに真宗法座の原型をみることができる。

第九条は、「念仏申し候へども」という唯円の言葉で始まる（以下に示した本文の第一段落）。すでに称名念仏し、念仏の教えを親鸞より聞き及んでいる唯円の内面を吐露した表現から始まっている。以下、その唯円に応じた親鸞の言葉が、唯円の手で記述されている（第二段落以下）。

『歎異抄』第九条【本文】

第一段　念仏申し候へども、踊躍歓喜のこころおろそかに〔一〕候ふこと、またいそぎ浄土へまゐりたきこころの候はぬ〔二〕は、いかにと候ふべきことにて候ふやらんと、申しいれて候ひしかば、

第二段　親鸞もこの不審ありつるに〔三〕、唯円房おなじこころにてありけり。

第三段　よくよく案じみれば、天にをどり地にをどるほどによろこぶべきことを、よろこばぬ〔四〕にて、いよいよ往生は一定おもひたまふなり。よろこぶべきこころをおさへて、よろこばざる〔五〕は煩悩の所為なり。しかるに仏かねてしろしめして、煩悩具足の凡夫と仰せられたることなれば、他力の悲願はかくのごとし、われらがためなりけりとしられて〔六〕、いよいよたのもしくおぼゆるなり。

第四段　また浄土へいそぎまゐりたきこころのなくて、いささか所労のこともあれば、死なんずるやらんとこころぼそくおぼゆることも、煩悩の所為なり。久遠劫よりいままで流転せる苦悩の旧里はすてがたく〔七〕、いまだ生れざる安養浄土はこひしからず〔八〕候ふこと、まことによくよく煩悩の興盛に候ふにこそ。なごりをしくおもへども、娑婆の縁尽きて、ちからなくしてをはるときに、かの土へはまゐるべきなり。いそぎまゐりたきこころなきものを、ことにあはれみたまふなり。これにつけてこそ、いよいよ大悲大願はたのもしく、往生は決定と存じ候へ。

第五段　踊躍歓喜のこころもあり、いそぎ浄土へもまゐりたく候はんには、煩悩のなきやらんと、あやしく候ひなましと云々。(26)

親鸞の対人態度や言葉に人格尊重の精神がみられることは、次の二点に指摘できる。

①その冒頭に、唯円の宗教的悩みが「念仏申し候へども」という形で、否定的・内省的意識として表出されていることである（第一段落）。換言すれば、親鸞の態度に積極的関心に基づく傾聴を看取できる。つまり、受容や共感が傾聴の態度にあらわになっているのである。

②唯円に応じた親鸞の言葉に、「親鸞」という固有名詞で自己をありのままに語っているところである（第二段落）。換言すれば、親鸞の真実な自己開示が看取できる。

親鸞の唯円に接する態度が、心理的配慮でいわれる人格と人格という立場で対面している様子を伺うことができる。このことは、「親鸞は弟子一人ももたず」と述べた親鸞の同朋意識に重なることによっても裏づけられる。当時、伝統的仏教教団の風潮はもちろん、法然の専修念仏教団においても「わが弟子、ひとの弟子」(27)という所有意識や帰属意識でのいい争いがあったようであるから、この親鸞の同朋意識は特筆すべきことで、唯円も驚きのあまりその著に記しているのである。

このように親鸞は対面する相手（唯円）に応じて人格尊重しようとしているが、さらに沈黙を含めた対話を通して、相手の気持ちや宗教的悩みに応じて積極的かつ正確に理解しようとする配慮がみられる（親鸞の仏教的配慮）。その仏教的配慮があらわれる箇所は、唯円の記した親鸞の言葉であるが、唯円では表現し得ていない言葉である。それは「煩悩の所為」のところである。唯円の言葉では「（踊躍歓喜のこころ）おろそかに」（第一段落の〔一〕）となるところを、親鸞は「よろこぶべきことを、よろこばぬ」〔四〕と表現し、さらに「よろこぶべきこころをおさへて、よろこばざる」〔五〕と応答している（第三段落）。唯円の言葉では「おろそかに」と、その意味が不明瞭であるのに対して、親鸞は「おさへて」と明確にし、そこに「煩悩の所為」を看取している。この応答には、唯円に対してはその気持ちの確認をし、親鸞自身はその言葉を的確に意識化し表現するという心理的配慮を看取することができる。この配慮は唯円の「（いそぎ浄土へ）まゐりたきこころの候はぬ」（第一段落の〔二〕）という言葉にもなされ、親鸞は再度明確にして「すてがたく」〔七〕「こひしからず」〔八〕と配慮している（第四段落）。おそらく二人の間には沈黙もあったであろうが、親鸞の対人態度には、唯円の気持ちを傾聴し確かめるとともに、唯円の否定的・内省的意識（親鸞の「この不審」（第二段落の〔三〕）によって表出された唯円の気持ち）に触発された親鸞自身の自己開示を看取することができる。このような仏教的配慮、すなわち対話を通して対面する相手に積極的に関心を傾け、その意図を正確に理解しようとして傾聴し応答する態度は『歎異抄』第二条[28]にも伺うことができよう。

　この仏教的配慮、すなわち仏教の縁起的人間観に立つ心理的配慮について、寺川は「自己開示」の定義として次のように述べている。

> 自己開示とは「煩悩具足の凡夫」がそのまま「弥陀の御もよおしにあづかりて念仏申す」という、そのような自己自身のありのままの開示なのであり、換言すれば、それは、弥陀の本願を仰ぐ姿勢の披瀝と解するのが適切であろう。そして、かかる自己開示において、そこに、「共に聞く」という場が成立するのである[29]。

　ここに、仏教的配慮における自己開示とは「弥陀の本願を仰ぐ姿勢の披瀝」とある。つまり、第九条のこの場面において検討すれば、親鸞は今、目の前で親鸞に向かって宗教的悩みを打ち明ける唯円との対人関係を持つことを縁として、親鸞自身、弥陀の本願を仰ぐ姿勢をありのままに語ることにほかならない。また、親鸞の語るその言葉を唯円が記した事実を考えれば、その親鸞の自己開示した言葉をそのまま唯円が聴聞していることになる。換言すれば、親鸞の、弥陀の本願を仰ぐという自己一致の披瀝を通して、親鸞、唯円がともに思議を超えたところで共鳴し合う場が出現していることでもある。

六　親鸞の対人的態度を支える浄土真宗の特質

ところで、この唯円の言葉では不明瞭であり、親鸞の配慮により明確にされたところの唯円の宗教的悩みである「おさへて」や「すてがたく」「こひしからず」という煩悩の所為は、本来「あるべきこと」（必然の道理）に背反する言葉である。この「あるべきこと」とは、「よろこぶべきこころ」〔五〕であり「往生は一定」（第三段落）である。唯円の言葉でいえば、「踊躍歓喜のこころ」「浄土へまゐりたきこころ」が唯円自身に明確化されている。この二つの心は唯円には「念仏申す」という行為、すなわち仏教における「行（称名念仏）」に意味づけされている。ここでは、唯円の宗教的悩みないし悲嘆が、「念仏申す」ことより生じていることに注意したい。

この「あるべきこと」（必然の道理）に背反する自己のありようを、親鸞は「罪障」と述べている。親鸞は「煩悩」の意味を「煩はみをわづらはす、悩はこころをなやます」[30]として、よろづの煩悩にしばられたるわれら人間凡夫のありのままの姿を言葉に表現している。また、『歎異抄』第十三条には親鸞の言葉として「さるべき業縁のもよほさば、いかなるふるまひもすべし」[31]と述べ、どうにもならぬわが身の無力さによる悩みを適切に表現している。ここでいう「背反」とは、よろづの煩悩にがんじがらめにしばられて、どうする術もないわが身の無力さにより生じた悩みのことをいう。したがって、「罪障」とは、当人にのみ自覚され得る人間凡夫の逃れがたき性、人間の本性を表現した親鸞の語りということができる。

このわが身の罪障に悲嘆している相手（ここでは唯円）に対し、親鸞は「罪障おもしとなげかざれ」と応答している。

無明長夜の灯炬なり
智眼くらしとかなしむな
生死大海の船筏なり
罪障おもしとなげかざれ(32)

本来「あるべきこと」に背反し苦悩する心を「罪障」といい、そこに「なげく」という姿が生じている。「なげかざれ」という一見否定的に聞こえる言葉であるが、「なげく」者からすれば、この言葉は受容と共感に聞こえる。第九条ではその後、他力の悲願はこのような「われらがためなりけりとしられて」〔六〕と自己のありようを語るだけでなく、「われら」と共鳴するのが親鸞の言葉である（第三段落）。唯円を深く受容する親鸞は、同時に他力の悲願（阿弥陀仏）に無条件に深く受容されている親鸞でもあることを、ありのままに告白している語りであろう。どうする術もないわが身の無力さの中に聞こえる悲願であり、称えられる念仏として示されている。唯円の内省的・悲嘆的な宗教的悩み(33)に応じて、親鸞はこのように「他力の悲願」に基づいた浄土真宗による無条件の受容を語っていると考えられるのである。

このように、わが身の無力さにより生じる悩みを表現する罪障、凡夫の逃れがたき性である煩悩には、二種の意味がある。一つには、煩悩（罪障）あるがゆえにはたらきかけ呼びかけてくる智慧の念仏であり、もう一つは、煩悩（罪障）あるがゆえに他者と共鳴し合うことが可能になるのである。真宗（仏教）カウンセラーにおける「きく」ことは、この二種の意味を担っているといえる。換言すれば、煩悩（罪障）の問題は、仏教カウンセラー自身の自身観であるとともに、クライエントに対していえば、クライエントを理解するための対人援助の一つの臨床的課題といえる。

七　おわりに

「今、ここで」の対人援助関係について、カウンセラーがありのままに自己自身である（自己一致）ほど、クライエントに意識変容が生じやすくなるという仮説に基づき、仏教カウンセリング、真宗カウンセリングを考察するとともに、仏教カウンセラーの内部で生じている深い自己一致について検討した。傾聴と聴聞、その対象とするものはクライエントであり阿弥陀仏であるという相違があるものの、その傾聴と聴聞の実践的接点にはひとつの共通点を見出し得た。それが、仏教カウンセラーの自身観、すなわち如来大悲に摂取され照育されてあきらかになる煩悩具足の凡夫の自覚である。

煩悩（罪障）の自覚は、仏教カウンセラー自身の課題であるとともに、クライエントに対していえば、クライエントを理解するための対人援助の一つの臨床的課題といえる。傾聴に対しては、身を煩わし心を悩ませ苦悩するものであるがゆえに、クライエントに教えられ共鳴することができる、無条件の肯定的な配慮が可能となる。また聴聞においては、ともに弥陀大悲招喚のうちにある同朋意識を培い得る、感情移入的な理解を育む。いわば二重の意味で「きく」ことの意義は大きい。

註

（1）藤田清『佛教カウンセリング』誠信書房、一九六四年、一七六頁。
（2）註（1）前掲書、七五頁。
（3）同前書、七八頁。藤田清『仏教カウンセリングの基礎づけのために』佼成カウンセリング研究所、一九九二年、二六頁。
（4）同前書、一七三頁、一六七頁。このような仏性への注目について、小西達也はキリスト教の内在的神性に相当する概念として、仏教において「患者さんが仏性に目覚め、そのはたらきに生きることをサポートする行為」として仏教のスピリチュアルケアを取り上げている（「アメリカで『仏教的スピリチュアルケア』を考える」〈谷山洋三編著『仏教とスピリチュアルケア』東方出版、二〇〇八年、五一頁〉）。また、近藤章久は「セラピストの仏性をクライアントの仏性が感じて応じ合う、そういう形の如来の働き」として、「わが身」を通して呼応し合う仏性のはたらきをきいている（『〈こころ〉の軌跡――禅・森田療法・精神分析・念仏――』春秋社、二〇〇四年、三八頁）。
（5）西垣二一「日本に於ける臨床牧会教育の初期の記録――第一回より第五回まで――」（『スピリチュアルケアを語る――第三集　臨床的教育法の試み――』関西学院大学出版会、二〇一〇年、二六～二九頁）。友田不二男・伊藤博他編『ロージァズ全集一八　わが国のクライエント中心療法の研究』岩崎学術出版社、一九六八年、一一～一五頁。
（6）西光義敞「平安学園におけるカウンセリング活動――その歩みと現状と展望――」（『平安学園研究論集』九、一九六四年、八八頁）。
（7）西光義敞「トランスパーソナル心理学と仏教カウンセリング――藤田清の「相談仏教」を中心に――」（『龍谷大学論集』四三四・四三五合併号〈龍谷大学三百五十周年記念論文集〉、一九八九年、七六一頁）。
（8）諸富祥彦「研究報告『小さな悟り』のカウンセリング――我が国のロジャーズ派心理臨床家に見るトランス

パーソナル・カウンセリングの可能性――」（『トランスパーソナル学』Vol.2　雲母書房、一九九七年）。
（9）西光義敞編著『援助的人間関係』永田文昌堂、一九八八年、二九頁。
（10）西光義敞「仏法に基づく人間尊重のアプローチ」（『人間性心理学研究』21（1）、二〇〇三年、一～五頁）。
（11）國分康孝編『カウンセリング辞典』誠信書房、一九九〇年、四九一頁。
（12）浄土真宗本願寺派ビハーラ実践活動研究会編『ビハーラ活動――仏教と医療と福祉のチームワーク――』本願寺出版社、一九九三年、三〇〇頁。
（13）註（9）前掲書、四七頁、五〇頁。註（12）前掲書、二九九頁。
（14）寺川幽芳『親鸞の思想――宗教心理学の視点から――』法藏館、二〇〇五年、三三〇頁。
（15）友久久雄監修『僧侶のための仏教カウンセリング入門』四季社、二〇〇五年、二九八頁。
（16）註（15）前掲書、七六頁。友久久雄編『仏教とカウンセリング』法藏館、二〇一〇年、一一頁。
（17）楠淳證編『龍谷大学仏教学叢書①　唯識――こころの仏教――』自照社出版、二〇〇八年、三〇四頁、三二四頁。
（18）カール・ロジャーズ（伊東博編訳）『サイコセラピィの過程』ロージァズ全集四、岩崎学術出版社、一九六六年、一一九～一二〇頁。保坂亨・岡村達也「パーソン中心カウンセリングにおける『治療的人格変化の必要十分条件』の理論的展開――カウンセラーのもう一つの態度条件〈存在すること〉をめぐって――」（『人間性心理学研究』Vol.21, No.1　二〇〇三年）。
（19）久能徹・末武康弘・保坂亨・諸富祥彦『ロジャーズを読む』岩崎学術出版社、一九九七年、九七～一〇一頁。これら六条件について、第一条件は後の五条件に対して前提を明確化して「関係」を、第二条件は「クライエントの状態」を、第三から第五条件は「セラピスト／カウンセラーの基本的態度」を、第六条件はセラピストについての「クライエントの知覚」を問題にしている。このうち、第三条件の「自己一致」、第四条件の「無条件の肯定的な配慮（無条件の積極的関心）」、第五条件の「感情移入的な理解」の三つの条件が特にセラピスト／カウンセラーに求められる「必要かつ十分」条件となる。

(20) 教学伝道研究センター編纂『浄土真宗聖典全書』二・宗祖篇上、本願寺出版社、一〇五四頁、一〇五八頁。

(21) 教学伝道研究センター編纂『浄土真宗聖典　註釈版』第二版、本願寺出版社、一〇五四頁、一〇五六頁。

(22) 註(20)前掲書、一〇二九頁、一〇三一頁。

(23) 註(21)前掲書、九〇四頁、九〇七頁。

(24) 註(9)前掲書、七二頁。その他、寺川は親鸞の対面的人間関係の特徴として六点を挙げている。註(14)前掲書、三五四頁。

(25) 註(11)前掲書には、「カウンセリング」の定義にその成立条件として対面的・心理的・援助的関係を指摘している。七七頁。

(26) 註(21)前掲書、八三六頁。

(27) 同前書、八三五頁。

(28) 同前書、八三二頁。このような親鸞の態度は、第二条冒頭の「おのおの十余箇国のさかひをこえて、～ひとへに往生極楽のみちを問ひきかんがためなり」に相当する。

(29) 註(14)前掲書、三六〇頁。

(30) 註(20)前掲書、六九八頁。

(31) 註(21)前掲書、八四四頁。

(32) 註(20)前掲書、四八六頁。

(33) 湯浅泰雄は、日本仏教ないし日本人におけるインド仏教の受容や土着という問題を歴史心理学という側面から考えると、人間存在を「一切皆苦」と客観的観想的に認識したインド思想様式をそのままでは受容せず、日本人は実践的情意的に内面化して、自己を情感的凝視から道徳的反省へ、さらに「罪」観念という宗教的認識へ進む方向をとったと指摘する（『日本人の宗教意識――習俗と信仰の底を流れるもの――』講談社学術文庫、一九九九年、一三一〜一三三頁)。

本稿は、『龍谷大学論集』第四八二号掲載の「仏教カウンセリングにおける『きく』ことの意義」に加筆・修正を加えたものである。御批判いただいた諸先生方に厚く御礼申し上げます。

真宗と心理学の接点——聴聞と傾聴——

友久久雄

一　はじめに

筆者の母親は、熱心な浄土真宗の信者であった。それ故、幼児期から母につれられ、御寺参りに行くとともに俗にいうお説教をよく聞かされていた。その後、不惑の年となり、自分の人生の目的、特に人間は何のために生きているのか、死んだらどうなるのかなどの不安と悩みが強くなってきた。

そこで、それまでの耳学問ではなく、体系的に学べる浄土真宗本願寺派の中央仏教学院（通信教育部）に籍を置いた。

一方、筆者は精神科医で臨床心理士でもあるため、病院と心理相談室においてカウンセラーとしての仕事もしている。

そこで本稿においては、人々の悩みの解決方法として、浄土真宗における聴聞とカウンセリングにおける傾聴について、その接点と相違点について検討してみたい。

二　二種類の悩み

1　宗教的悩み

人の悩みは大きく分けて二種類ある。

一つは我々が人間として生まれてきたことによる悩みであり、この世に生を受けたことによる悩みである。別の表現をすれば全ての人が生まれつき平等に持っている悩みである。

具体的にいえば、年とともに老いることや病気になること、そして最後には必ず死ぬという、生来性に持っている避けて通ることのできない悩みである。そして、この悩みは一生変わらない。またこれらの悩みとともに、人間は何のために生まれてきたのか、人間として活きていく目的は何かなど、人間としての本質的な悩みでもある。

この悩みの特徴は、時や所すなわち時代や国などの違いには左右されない全人類共通の悩みであるとともに、人間の能力では解決できない悩みでもある。

それ故、これらの悩みをここでは宗教的悩みと呼ぶ。釈迦はこれらの悩みを生老病死として、人間の避けて通ることも解決することもできない悩みであるとしてそれらを四苦と表現した。

2　心理的悩み

これに対してもう一つの悩みは、この世に生を受け人間として生まれた後、日常生活を営むことにより生じる悩みである。この悩みは前述の悩みのように全ての人類に共通ではなく、それぞれの個人により異なる悩みである。またある人には悩みである内容が、ほかの人にとっては悩みとならないなど、その人の考え方や環境により左右される悩みでもある。これらの悩みは人間がうまく生きていくための悩みであり、それぞれの個人的な悩みともいえる。

たとえば、カウンセリングの神様といわれたロジャーズ（C.Rogers　一九〇二～一九八七）がシカゴ大学のカウンセリングセンターで出会った人々の個人的な悩みは次のようなものであった。

落第を気にしている大学生。結婚問題に悩んでいる主婦。完全な神経衰弱や精神病にかかってブラブラしているように感じている人。要職につきながら、たえず、性的幻想にとりつかれて、自分の仕事を有効に果たせないような人。クラスのトップにおりながら自分の能力が不十分であると思い込んで、すっかりあきらめて、無気力になっている優秀な学生。子どもの行動を苦にしている両親。人望がありながら、自分自身はつぎからつぎへと激しい、暗い、ゆううつな状態が続いて、わけもなくうちまかされている少女。自分には生活もなく、愛情もない、優秀な卒業成績をとったが、さっぱり報われないと悲しんでいる女子学生。強い不吉な力がおそいかかっていると信じている人(1)などである。

このように、これらの悩みはそれぞれの人によって異なるが、多くの場合人間の努力で解決可能な悩みである。それ故これらの悩みをここでは心理的悩みと呼ぶ。

表1　仏教的悩みと心理的悩み

	仏教的悩み	心理的悩み
悩みの内容	人間として生まれたことによる悩み 生まれつき平等に持っている悩み 全人類共通の悩み 先天的に持っている悩み 避けて通ることのできない悩み 一生変わらない悩み 死んでいくための悩み 時間や場所で左右されない悩み 人間としての本質的な悩み 生老病死	日常生活を営む上での悩み 生まれた後で生じた悩み それぞれの個人的な悩み 後天的に生じた悩み 状況の変化などで避けられる悩み 変化する悩み この世を生きていく上での悩み 時や所で変わる悩み 生活のための表面的な悩み
悩みの解決	人間の能力では解決できない悩み 主に宗教的なアプローチ	人間の努力で解決できる悩み 主に心理的なアプローチ

これら悩みの違いを示すと表1のようになる。

三　何故宗教か

私たちは、人間の能力では解決できない悩みをどのような方法で解決しようとしているのだろうか。

たとえば死の問題について考えてみると、誰もがこの問題は、人間の能力では解決できないことはわかっている。そのため多くの人は、自分の死ぬことはわかっているが故に、この問題に正面から取り組もうとはしない。すなわちこの問題を自分の問題から除いて、触れようとしないからである。

しかし元気な間はそれでよいが、病気になった時、特に癌のような死病《しにやまい》といわれる病気になった時や、家族の死に直面した時など、避けて通れなくなる時が人間には必ずやってくる。この時我々はどうするのであろうか。

一つの方法は、どうせ人間の能力では死の問題は解決できないと、諦めてしまうことである。確かに、死の問題に対して不安や悩みが強くない場合はそれでもよいが、死への不安や悩みが強くなった場合、人間はどうするのであろうか。

その答えは「どうにもならないとわかっているが、死の悩みが強くなると、どうにかしたいという気持ちが強くなる」ということである。すなわち「死の問題は人間の能力では解決できない」ということは理屈すなわち頭の中ではわかっている。しかし死への不安や恐怖が強くなると、理屈を超えた世界において人間の能力を超えたものへの助けを求める気持ちが強くなり、「何とか助かりたい」という感情が強くなる。いい換えれば、理屈を超えた感情の世界が人間の心を支配するのである。

死に対する不安や悩みが強くない時は、理屈でもって「死の問題は人間の能力で解決できない問題だ」と納得できる。しかしその悩みが深くなり、遂には恐怖の感情となった場合、理屈ではなく何かに「助けてほしい」との願いが心から湧いてくる。この「どうにもならない」とわかっていながら「どうにかしたい」いや「どうにかしてほしい」と人間の能力を超えたものに求める心が、宗教心の芽生えであるといえる。

そして、この「助けてほしい」との願いが心の底から偽らざる願いとしてほとばしる時、この絶体絶命の最中において、予期せぬ新奇な人間を超えたものとの出合いが体験されることがある。

このようにどうにもならないことに対して、「人間を超越したもの」とのかかわりを持つことにより心の救いを求める営みが人間にはある。そして、このような経験の事実が存在することを認めるのが、また宗教である。

四　何故心理学か

これに対して心理的悩みは、人々が日常生活を営んでいる際に生じるさまざまな悩みであり、個人によりその内容が異なる悩みである。また、それは人と人との関係の中で生じた悩みであり、多くの場合人間の努力により解決できるものである。

そしてこの悩みは、心の悩みであり、心の理論にもとづいて考えられる。この心の理論を研究するのが心理学であり、この心理学を客観的かつ科学的方法で論じようとしたのがドイツの生理学者ヴント（W. Wundt　一八三二〜一九二〇）であった。

彼は当初哲学の教授であったが、人間とは何か、心とはどのようなものかを、自然科学的な方法で明らかにしようとした最初の人である。これが心理学の始まりであり、それは実験心理学であった。

これに対して、二十世紀に入り、人の心を心理学的に明らかにするだけでなく、心の不安や悩みを心理学的な方法で解決しようという新しい試みが台頭してきた。それは、医学のように薬や手術などという方法を使うのではなく、心の悩みに対して言葉を介した心理学的方法で解決しようとするものであった。

最初にこのような方法で心理学的治療を始めたのはフロイト（S.Freud　一八五六〜一九三六）である。

彼は、もともと神経生理学を専攻する医者であった。しかしパリのシャルコー（J.Charcot　一八二五〜一八九三）のもとでヒステリーの研究をする中で、催眠の暗示で症状に変化がもたらされることを知った。このことにより彼は、病気は医学的な治療だけではなく心理学的な方法でも改善されることを学んだ。彼は、その原因が無意識にあることを明らかにするとともに、精神分析という新しい心理療法（精神療法）を確立した。

これに対して、ワトソン（J.Watson　一八七八〜一九五八）らは、心を客観的に捉えることは不可能であるとして、客観的に観察できる行動を対象とした心理学を開発した。これが第二の心理学といわれる行動主義の心理学である。この心理学は、心の内面については触れず、与えられた刺激とそれに対する反応を客観的に観察するものであった。そしてこれを心理療法に応用したのがオペラント条件づけである。これは、強化子を使って望ましい行動を強化し、不適切な行動を消去させるもので、教育でも広く応用されている。

しかしそれまでの心理療法は、患者の病理的な面にのみ視点を当てることにより、患者の悩みや問題行動を取り除くことを目的としていた。これに対して、第三の心理学としてマズロー（A.Maslow　一九〇八〜一九七〇）は、人間性心理学を主張した。この心理学の特徴は、人間の良い面に視点を当てるべきだという主張であり、人間は自己の望ましい本来あるべき方向に成熟・発達するものであり、自己実現を目指しているとするのである。

この考えをベースにした心理療法として、ロジャーズは非指示的療法を開発した。この療法は別名クライエント（来談者）中心療法とも人間中心療法とも呼ばれる。

いずれにしろ、人々の心の悩みに対して、このように心理学的な方法で解決しようとするのが心理療法である。

五　悩みの解決方法

1　救いの仏教

まず、人間の能力では解決できない死の問題を中心とした悩みへの対応であるが、これは、我々がいくら考えても人間の能力を超えたものであり、解決は不可能である。それでは我々人間は、死の問題に対してまったくなすすべもなく手をこまねいているだけかというと、そうではない。

それでは、どうするのか。

答えは、我々の先人の中に死の悩みを解決された人が存在するということである。そして、その人のされたこと、説かれた教えを素直に聞き実践する。それ以外には、人間の能力では解決することのできない死の問題を解決する方法は、ないのである。一般にこのことを（仏教により）救われたという。

そこでここでは、自己の死の問題を解決された人として、浄土真宗の開祖親鸞を取りあげてみたい。

①親鸞の悩み

親鸞は今からおよそ八四〇年前（一一七三年）京都の日野の里（京都市伏見区日野）で生まれた。

彼は、四歳の時に父と、八歳の時には母と死別したとされる。このことは彼の幼心《おさなごころ》に、次は自分が死ぬ番だという思いと、また、死んだらどうなるかという不安を強くさせた。そして悩んだすえ、彼は九歳の時、自分の死の問題を解決するため、出家することを決意したのである。

②親鸞の出家

この時の有名なエピソードとして次のようなものがある。その時の戒師である青蓮院門跡の慈円僧正の「今日はもう夜も更けたので明日にしよう」という言葉に対して親鸞は、

明日ありとおもう心のあだ桜
　夜半にあらしの吹かぬものかは

と歌い、その夜のうちに剃髪したといわれる。

③**親鸞の修行**

天台宗の僧侶となった親鸞は、比叡山に登り、厳しい修行を続け自分の死の問題を一刻も早く解決しようとした。

しかし比叡山に登って十年が過ぎても、死の問題の解決はできず、心も晴れず、求道に行き詰ってしまった。そこで彼は、かねて崇拝していた聖徳太子の御廟に参詣するため大坂の磯長（大阪府南河内郡太子町）に向かった。

ここで親鸞は、太子の夢告で次のような言葉を聞いた。

わが三尊は塵沙《じんしゃ》の界を化す。日域《にちいき》は大乗相応の地なり。諦らかに聴け、諦らかに聴け、我が教令を。汝が命根は、まさに十余歳なるべし。命終わりて速やかに清浄土に入らん。善く信ぜよ、善く信ぜよ、まことの菩薩を(2)

この言葉を聞いた親鸞は、自分の余命があと十年だと知って、自分の死の問題が解決されていないことを思い、比叡山での修行により一層打ち込んだのであった。

それから十年、親鸞は来る日も来る日も修行に明け暮れた。しかし、自分の死の問題は一向に解決され

そうにもなかった。そして修行に疲れ果て、精も根も尽き果てた親鸞は天台宗の教えに絶望し、ついに修行を止め比叡山を下りる決意をした。この時の親鸞の苦悩をのちの存覚上人が記した「報恩講嘆徳文」には次のように記されている。

　定水を凝らすと雖《いえど》も識浪《しきろう》頻《しきり》に動き、心月を観ずと雖も妄雲猶《なお》覆《おお》ふ。而《しか》るに一息追がざれば千載に長く往《ゆ》く、何ぞ浮生の交衆を貪《むさぼ》って徒《いたずら》に化名《けみょう》の修学に疲れん、須《すべか》らく勢利を擲《なげう》って直《ただち》に出離を願うべし(3)

このように親鸞は、何年修行しても心は安まらず、月をみても煩悩の雲が覆い、今息が止まれば死んでいかなければならない、と死の不安にさいなまれながら、泣く泣く比叡山を下りたのである。

この時親鸞二十九歳、磯長の夢告で告げられた十年の期限が迫っていた。

山を下りた親鸞は、聖徳太子の建立したと伝えられる京都の六角堂に参籠し、必死で救いを求めた。このことは、彼の妻恵信尼が末娘の覚信尼に宛てた「恵信尼消息」に次のように述べられている。

　なによりも殿の往生、なかなかはじめて申すにおよばず候ふ。山を出でて、六角堂に百日籠らせたまひて、後世をいのらせたまひけるに、九十五日のあか月、聖徳太子の文を結びて、示現にあづからせたまひて候ひければ、やがてそのあか月出でさせたまひて、後世のたすからんずる縁にあひまゐらせんと、たづねまゐらせて、法然上人にあひまゐらせて……(4)

④法然との出遇い

このように親鸞は聖徳太子の夢のお告げにより、後世（死後）に救われる教えを求め、法然上人に会いに行ったのである。

そして、親鸞は雨の日も風の日も法然上人のもとに通い、法然上人の教えを聞き、阿弥陀仏の本願である「どんな人でも必ず救う」という教えに遇うことができたのである。比叡山で二十年間の苦しい修行を積んでも解決できなかった、後生の一大事すなわち自身の死の問題の解決が、法然上人に出遇うことでいっきに解決したのである。この間、およそ百日だったとされる。

それ故、親鸞はこの阿弥陀仏の本願の救いに出遇ったことを、彼の主著『顕浄土真実教行証文類』の「化身土巻」に、

しかるに愚禿釈の鸞、建仁辛酉《けんにんかのととり》の暦、雑行を棄てて本願に帰す(5)

と述べている。この時彼は二十九歳であった。そして親鸞は、この阿弥陀仏の本願との出遇いにより、それまで苦しみ悩んでいた死の問題を含めた全ての悩みが解決され、絶対の幸福を得ることができたのである。

2　癒しの心理学

人間の悩みのうち、一つは人間が生来性に持って生まれた、避けて通ることのできない悩み、すなわち老病死がある。これは人間の能力では解決できないため、人間の能力を超えた智慧である仏にその解決を委ねる以外に方法はないので、これを宗教的悩みと呼んだ。

これに対して、人間として生まれた後すなわち日常生活を営む上で生じた、この世をうまく生きていくための悩み。別の表現をすれば人と人との関係において生じた悩みは、人間の能力において解決できる心理的なものなので、これを心理的悩みと呼んだ。

この心理的悩みを解決するためのアプローチを心理療法という。

この心理療法には、悩みをもたらしている症状や問題行動を直接改善しようとする訓練療法や支持療法、自分の感情や葛藤を直接表現することでストレスを解放する表現療法、悩む心の内面を洞察することで人間的に成長しようとする洞察療法などがある。

このうち訓練療法の一つである行動療法は、学習理論をベースとした考え方で、人間の行動は全て学習により作られるとする。そしてその学習は、条件づけによるものであり、それには主にオペラント（道具的）条件づけとレスポンダント（古典的）条件づけがある。

たとえば、子どもが誤った条件づけにより不適切な行動を学習している時、その行動を訂正し好ましい行動をした時にはご褒美（正の強化子）を与え、よい行動を学習させようとするのが、オペラント条件づけ。何かに対して恐怖や不安を強く感じている時、その恐怖や不安の弱い段階から強い段階へと徐々に慣らしていく系統的脱感作は、レスポンダント条件づけである。

これらは、人の心の内面の変化を目標としたかかわりではなく、あくまでも表面的な行動の変化を求めるものである故、行動療法と呼ばれる。また行動ではなく、物事への意味づけや考え方すなわち認知に偏りがある場合、その認知の偏りを正そうとするのが認知療法。その変化させようとする対象が対人関係のゆがみである場合は、対人関係療法という。いずれも、改善させようとする対象は、心の内面ではなく表面にみられる行動や現象であるのがこの訓練療法の特徴である。

その他、悩みを持つ人の、人に頼りたい支えてもらいたいという気持ちを大切にして、いわゆる治療者と治療同盟を結び、悩む人との信頼関係の上に支持的な介入を行う支持的心理療法、音楽や絵画などの各種の芸術において、言葉であらわすことのできない心の内面を表現し、心の癒しを求める表現療法などがある。

また、人の悩みを、治療者（分析者）が相手の心の内面に深く入りこみ解決しようとするのが、精神分析であり、悩む人自身が自分の心を洞察し問題を解決していくのを援助するのが非指示的療法である。

このうち精神分析は、前述したようにフロイトがあみだした療法で、人間の悩みの原因は無意識にあり、この無意識を明らかにする方法が精神分析であるとした。具体的には患者はコーチ（長椅子）にリラックスした状態で横になり、頭に思い浮かぶことを医師（分析家）に伝え、それを医師が分析し患者に伝えるのである。これを自由連想法というが、患者の無意識を意識化し患者の抑圧された感情を明らかにすることにより治療へと導く方法である。

これに対して非指示的療法というのはそれまでの治療では、治療者（セラピスト）が相談に来る人（クライエント）に治療方針などを指示していたのに対し、この方法はセラピストがクライエントに直接指示をしないという療法である。それではセラピストは何をするかというと、クライエントの悩みを積極的に傾聴し、クライエントのことばにひたすら耳を傾けることにより、クライエントの気持を無条件で受容し、共感的に理解するのである。それ故、話を聞く人はセラピストではなく、相談を受ける人という意味でカウンセラーというのである。

そして、クライエントがカウンセラーに、自分が無条件に受け入れられ共感されていると感じるようになると、クライエントはみずからの悩みの本質と、みずからの真実すなわち本当の自分に気づくのである。同時にクライエントは自分自身の中にある成長への可能性にも気づくようになる。

この療法を創始したロジャーズは、「あらゆる生物は、自分がもっている可能性を建設的な方向へ伸ばそうとする基本的傾向があり、これを自己実現傾向[6]」と呼ぶ、といった。このようにロジャーズは、人間は本来望ましい方向に成長するものであり、クライエントがみずからの中の成長の可能性にみずからが気づくためには、指示的ではなく非指示的な方法がよいとしたのである。

このように、非指示的療法では、直接クライエントに指示や指導をするのではなく、カウンセラーがクライエントのことばに積極的に耳を傾け無条件に相手を受け入れることにより、クライエント自身が本当の自分に気づくことが大切だとされるのである。そして、この自己へ気づきにより心が癒されるのが心理学的かかわりである。

六　浄土真宗と聴聞

聴聞という用語は、親鸞以前から、古くは仏の説法あるいは他の修行者の経典読誦などを心を込めて聞くという意味で用いられていたが、親鸞・蓮如においてそれは特に重視された。

親鸞は自著である『顕浄土真実教行証文類』の「信巻」において、

しかるに「経」（大経・下）に、「聞」といふは、衆生・仏願の生起本末を聞きて疑心あることなし、これを聞といふなり[7]

と述べている。

ここで「経」（大経・下）というのは、浄土真宗の所依の経である浄土三部経といわれる『仏説無量寿経』『仏説観無量寿経』『仏説阿弥陀経』のうちの『仏説無量寿経』のことをさす。そしてこの経は、親鸞

が『顕浄土真実教行証文類』の「教巻」に、

それ真実の経を顕さば、すなわち大無量寿経これなり(8)

といったように、全ての経典の中で釈迦が真意を述べようとしたのはこの経典であると断言している。

衆生というのは、この世に生を受けた多くのもの（衆）という意味で、『岩波仏教辞典』では、

多くの生きとし生けるもの、一切の生物。「礼記」に「衆生は必ず死す」とあり、「荘子」に「正生もて衆生を正す」などとある。(9)

とあり、これは要するに、自分は必ず死ぬ人間であると知り、仏教を求めている人々という意味である。

次の仏願の生起本末の仏願というのは、『真宗辞典』（法藏館）によれば、「仏が仏となるべきための願望の意。仏が因位において起す自利利他の本願をいふ」とあり、仏願の生起本末では、「仏の本願の起こった事情と、その本願の成就された結果の上の道理といふこと。これを阿弥陀仏についていへば、仏の本願は、あらゆる苦悩の衆生を救済せんがために起こされたものであり、その願成就して、南無阿弥陀仏の六字名号を衆生にお与へ下さったのであるが、衆生はその名号のいはれを信ずるのみにて成仏することを得る道理がある(10)」と説明されている。しかし、これでは素人には何の意味かわからないだけでなく、人々の死の悩みは解決されない。

仏願の生起というのは、仏の願いすなわち仏さまの願いがなぜ起こされたかという意味であり、ここでいう仏さまとは阿弥陀仏（如来）という名の仏さまのことである。そして本末というのは、仏さまの願いが起こされ（生起）それがどうなったか（本末）ということである。

仏さまの願いがなぜ起こされたのかというと、死の悩みを持つ人間が、その苦悩を解決する能力を持た

ないことを、すでに仏さまは知っておられた。そしてその衆生を助けるためには、衆生にまかせておけないことを見抜かれて、仏さまが衆生の代わりに修行をされて、その修行の徳（功績）を衆生に与えて、その徳でもって死の問題に悩む人々を救おうとされた。そして、すでにそれが成就した、すなわち仏さまの修行が完成しその徳が得られた（仏の本願の成就）、というのが本末である。その得られた徳を、南無阿弥陀仏ということばに封じ込めて衆生に与えようとされているということを聞くのが、仏願の生起本末を聞きての聞きてという意味である。そしてこのことを疑わない、すなわち信じることが、疑心あることなしという意味である。

また、このことが詳しく述べられているのが『大無量寿経』（仏説無量寿経・大経）であるので、親鸞はこの経を真実の経典であるとするとともに「それ真実の経を顕さば、すなわち大無量寿経これなり」と述べたのである。

親鸞は二十年間、比叡山で身を削る思いをして修行をしたが、そこでは死の問題は解決されず、法然のもとでこの教えを聞き（聴聞）、阿弥陀仏の本願（仏願）である「あらゆる衆生を必ず救う」という教えに遇うことにより、死の問題を含め全ての苦悩が解決されたのである。すなわち自分でする修行（自力）ではなく、阿弥陀仏の本願（他力）により救われることを体験したのである。

これが「雑行（本願以外のいろいろな修行）を棄てて本願に帰す」という親鸞のことばに表わされているのである。

七　カウンセリングと傾聴

この世を生きていくための悩みである心理的悩みの解決方法は心理療法であるが、現在わが国で最も広く行われている心理療法は、非指示的療法をベースにしたカウンセリングである。

そしてこのカウンセリングは、悩めるクライエントの心の内面を洞察するとともに、人格の統合をはかり、本人が持っている成長の可能性に気づかせることである。そのため、クライエントへの指示や指導は極力控え、カウンセラーはクライエントのことばに積極的に耳を傾け、クライエントの気持ちを無条件に受容し、共感的に理解することが必要となる。

そのためカウンセラーは、クライエントの悩みと感情を積極的に傾聴しなければならない。この積極的な傾聴は、無条件の積極的関心ともいわれ、具体的には、カウンセラーがクライエントの悩みに心をこめて耳を傾け、クライエントを尊敬し温かく受け入れ、気持を一致させることが大切だとされる。

この時カウンセラーは、クライエントのことばを理屈でもって理解するのではなく、クライエントの立場にたってその気持を受容し共感する必要がある。

ロジャーズ（一九五九）は、クライエントが、カウンセラーから無条件の積極的関心、共感的理解、治療過程の条件を充分に満足させられた時、次のような変化が生じるとした。すなわち、

感情表現が自由で豊かになり自己への関心が増える。自己体験と自己概念の不一致に気づき、クライエントの自己概念が再組織化される。クライエントの自己概念が自己体験と一致すると、脅威となる

体験（悩み）も少なくなり歪曲や否認も少なくなり防衛性も少なくなる。そしてクライエントは、カウンセラーの無条件の積極的関心をより体験できるようになり、共感的理解もより強く感じるようになる(11)。

またロジャーズ（一九六一）は、非指示的療法におけるクライエントの変化を、「固定性ある固さが流動性あるいは柔らかさに変化し、流れながら動いているようになる」と記述している。また、「感情がたえず変化しながら流れている体験過程の中で自由かつ受容的に生き、その過程を行動の主たる照合点として安んじて活用している状態」と述べ、「不一致から一致に至る」とか、「また自己とコミュニケートする気が全くない状態から、内的体験過程への気づきが豊かであり、かつ変化しながらである状態に至る(12)」と述べている。

ロジャーズはこのように、カウンセリングにおけるカウンセラーの積極的な傾聴は、クライエントの考え方や感情を流動性のある柔らかさに変化させるとともに、内的体験過程への気づきを豊かにし、自己への洞察力を増す方向に変化させるとした。そしてこのことが、クライエントの内なる成長の可能性に気づかせ、クライエントに自己実現傾向への道を歩ませることになるとしたのである。

八　聴聞と傾聴

聴聞も傾聴も、いずれも人のことばを聞くという意味であることには違いない。

因みに『広辞苑』を引いてみると、聴聞は「①ききとること。説教・演説・懺悔などを聴くこと。②一般に、行政機関がその権限の行使に先だって、行政手続きの民主化、関係人の権利保護などのため、相手方や利害関係人などの意見を聴く手続き。」とある。

傾聴は「耳を傾けてきくこと。熱心にきくこと。」とある。

これをみると、聴聞は、説教や演説、懺悔など、話す側が何か意図的に自分の意見や考えを相手に伝えようとすることを聴くという意味であり、傾聴は、ただ耳を傾け熱心にきくという意味にとれる。

今ここで問題になることは、いずれも悩みを解決するためにきくことではあるが、聴聞は悩みを持つ人がその悩みを解決するために聴くという意味である。しかし傾聴は、悩みを持ちその悩みを解決しようとして来談した人の話を、相談を受ける人がきくという意味である。すなわち、きく主体がまったく逆であり、自分の悩みを解決しようとして自分が聴くのが聴聞であり、相談者の悩みを解決しようとして相談を受ける側がきくのが傾聴である。

親鸞が「聴聞」という言葉を初めて用いたのは『顕浄土真実教行証文類』の「行巻」においてである。

『無量清浄平等覚経』の巻上にのたまわく……「悪と驕慢と弊と懈怠のものは、もつてこの法を信ずること難し。宿世の時仏を見たてまつれるもの、楽《この》んで世尊の教を聴聞せん[13]」

とあり、親鸞はその聴聞の語に「ユルサレテキクシンジテキク」と左訓している。また聴と聞は、いささか、その意味を異にするといわれる。聴は「詳しくききとる」ということで、みずから積極的に聴くことを意味する。聞は「音声を耳に感受する」ということで、聞こえてきたものをそのまま素直に聞くという意味である。

このように聴と聞とを区別して説明しているが、蓮如は『蓮如上人一代聞書』において、

いかに不信なりとも、聴聞を心にいれまうさば、御慈悲にて候間、信をうべきなり。只仏法は聴聞にきはまることなり云云(14)

と述べている。すなわち、どんなに信じることができなくても、聴聞を心を込めて実践すれば、仏の「すべての人を救う」という慈悲により、信じることができるようになる（救われる）というのである。そして仏教を聞くには聴聞以外に方法はないと、聴聞の重要性を強調している。

それでは具体的にどのように聴聞するのであろうか。その答えは、「領解文」（改悔文）の安心の段に次のように記されている。

もろもろの雑行雑修自力のこころをふりすてて、一心に阿弥陀如来、われらが今度の一大事の後生、御たすけ候へとたのみまうして候ふ。たのむ一念のとき、往生一定御たすけ治定と存じ、このうえの称名は、……(15)。

ここでの雑行は正行に、雑修は専修に、自力は他力に対することばで、いずれも人間によって起こされる阿弥陀如来を信じないこころで行う行動のことで、そのこころをふりすてて、ふたごころなく一心に、阿弥陀如来をたのめということである。

何をたのむかというと、われらが今度の一大事の後生、すなわち一大事とは、たった一つしかない大切な取り返しのつかないことという意味であり、後生とは今のこの世に対することばで、死後のことである。それ故全体としては、今自分が死んだらどうなるかという大切なことを、助けてくださいと阿弥陀如来にお頼み申しますという意味になる。

そして、たのむ一念に心を込めて阿弥陀如来をたのめば、往生は一定すなわち死後の行先は定まり、必ず助けられるということに決まりました、すなわち死の問題は解決されましたという意味であり、これを親鸞は、先述のように「雑行を棄てて本願に帰す」と表現したのである。

このように、ふたごころなく一心に阿弥陀如来の願い、すなわち「すべての人を救う」という阿弥陀如来の願いを、初めは理屈で聴き《き》、最後は仏の声が聞こえてくるのを聞くことを聴聞するというのである。

これに対して、カウンセリングにおける傾聴は、悩んでいるクライエントの悩みを解決するために、積極的にクライエントの立場にたってカウンセラーが聞くということである。そしてその聞き方は、ことばの表面を聞くのではなくクライエントの心の叫びを聴くのである。すなわちカウンセラーはクライエントの気持や感情をしっかりと聴きとり、その人を受容し共感するのである。そして、そのクライエントの感情を明確にし、クライエントに、相談を受けてくれている人（カウンセラー）は自分を理解し受容し共感してくれているということが、しっかりと伝わるように聴くのである。

前述の浄土真宗における聴聞は、ものいわぬ阿弥陀如来が対象であるので、その表情やことばを現象として感知し得ない。しかし傾聴は相手が人間なので、その表情やことばだけでなく、気持や感情まで感知することができる。そのため、傾聴は相手との相互関係であり、クライエントの気分や体調だけでなくカウンセラーの知識や技術にも大きく影響される。

このことは、カウンセラーにとって、経験の質と量が、大きく傾聴のあり方を左右することを意味する。このように、カウンセリングにおける傾聴では、カウンセラーの資質と潜在能力が、大きくそのあり方を決定する。

それに対して聴聞に影響を与えるのは、その人の死への不安や恐怖の深さと、素質であると考えられる。

この素質のことを、仏教では宿縁とか因縁というのである。

このように、聴聞も傾聴も、表面的には人のいうことをきくということであるが、聴聞には人知を超えた仏の智慧が関与し、傾聴には人の悩みをきくカウンセラーの潜在能力がカウンセリング効果に大きく影響を与えるといえる。

九　おわりに

筆者は、自分の生育歴と現在の仕事により、この聴聞と傾聴を実践する機会が与えられたと考えている。そして悩みを抱え相談にみえるクライエントには、最初はその悩みを直接解決するため、傾聴を中心としたカウンセリング的アプローチを実践することにしている。

しかし次の段階、すなわち当初の悩みが解決されれば、クライエントの視線が自己の内面に向くような傾聴に方向を転換している。というのは、具体的な悩みを持つ多くのクライエントは、自己の内面よりも外界に視線が向いている場合が多いからである。このことは、表面的な悩みは解決されても、すなわち表面的な自己に気づいても、本質的な自己に気づいていないことを示している。それ故、表面的な悩みは解決されても本質的な悩みが解決されない間は、クライエントの悩みは形を変えてエンドレスに続く。

このエンドレスの悩みを解決するためには、クライエントが自己の内面に目を向け、真実の自己に気づくことが必要である。そしてこのことに気づけば、この気づきが、クライエントの人間性を深め、人格を陶冶し、人間としての完成の方向、すなわち自己実現の方向に向かわせる。

しかし、この自己への気づきはいくら深まっても、人間的には成長できるが、人間の持っている宗教的な悩みはカウンセリングでは解決されない。

それ故、クライエントに心理的な悩みから宗教的な悩みへの転換が起きた場合は、カウンセラーの傾聴による解決ではなく、本人（クライエント）の聴聞による解決が必要となる。ここに真宗と心理学の接点があるのではなかろうか。

註

（1）Rogers, C. R. "What It Means to Become a Person." In Moustakes, C.E.（Ed.）, The Self. New York. Harper and Bros., 1956, pp. 195–211（浪花博訳「人間の生成の意味するもの，人間論」ロジャーズ全集一二巻、岩崎学術出版、一九六七年）。

（2）磯長の夢告（『親鸞の本――愚者・悪人をも救う絶対他力の大海――』ブックス・エソテリカ三九号、学習研究社、二〇〇六年）。

（3）存覚上人「報恩講嘆徳文」（『浄土真宗聖典　註釈版』本願寺出版社、一九八八年）。

（4）「恵信尼消息」（『浄土真宗聖典　註釈版』）。

（5）『顕浄土真実教行証文類』化身土文類六(末)後序（『浄土真宗聖典　註釈版』）。

（6）Rogers. C.R Client-Centered Therapy. Its Current Practice, Implications, and theory. Boston: Houghton Mifflin. 1951.（保坂亨・諸富祥彦・末武康弘共訳「クライアント中心療法」ロジャーズ主要著作集二、岩崎学術出版、二〇〇五年）。

（7）『顕浄土真実教行証文類』信文類三(末)現生十益（『浄土真宗聖典　註釈版』）。

（8）『顕浄土真実教行証文類』教文類一真実大綱　大経大意　出世本懐（『浄土真宗聖典　註釈版』）。

（9）中村元他編『岩波仏教辞典』第二版、岩波書店、一九八九年。
（10）河野法雲・雲山龍珠監修『真宗辞典』法藏館、一九三五年。
（11）Rogers. C.R. 1959. A Theory of Therapy, Personality, and Interpersonal Relationships, as Developed in the Client-Centered Framework. In S. Koch（Ed.）, Psychology: A Study of Science,Vol.3: Formulations of the Person and the Social Context. pp. 184-256 New York: McGraw-Hill（伊東博訳「クライエント中心療法の立場から発展したセラピィ、パースナリティおよび対人関係の理論」ロージァズ全集八巻、岩崎学術出版、一九六七年）。
（12）Rogers. C.R. On Becoming a Person. London: Constable. 1961.（諸富祥彦・末武康弘・保坂亨共訳「ロジャーズが語る自己実現の道」ロジャーズ主要著作集三、岩崎学術出版、二〇〇五年）。
（13）『顕浄土真実教行証文類』行文類二　大行釈　引文　後序（『浄土真宗聖典　註釈版』）。
（14）『蓮如上人一代聞書』末（『浄土真宗聖典　註釈版』）。
（15）蓮如上人「領解文」（改悔文）（『浄土真宗聖典　註釈版』）。

浄土三部経における対話表現

大田利生

一　はじめに

筆者はすでに発表した論考において、対話が基軸となって経典が展開していることを述べてきた[1]。それは、対話によって浄土の教えが導き出されていくということであった。その意味で、対話、問答の部分は経典にとって極めて重要な意味を持つものといえるのである。

多くの大乗経典は対話篇であるともいわれ、例えば、『維摩経』が愛読される所以は、対話の妙味であるとさえいわれている[2]。

浄土三部経においても、対話が経典の重要な部分に位置づけられている『無量寿経』では、対話の形式をとる叙述を三か所にみることができる。まず、その一つは発起序における釈尊と阿難の問答である。いうまでもなく発起序は、本論を引き出し、それに導くために説かれているが、各経典の独自の内容が説き示されているという点でも、重要な意義を有している。そのなかでの対話であるから、おのずとその持つ意味も大きなものであることになるといえよう。

二つ目は、「讃仏偈」を説き終って、本願が誓われるまでの間にみられる対話である、よく知られた法蔵菩薩と世自在王仏との問答である。浄土教において最も中心をなす法蔵菩薩の本願が説かれる対話としても、われわれは特に注意を払わねばならない。

次は、五悪段に続いて釈尊と阿難、慈氏菩薩との会話である。さらに胎化段の一段が説かれるが、これも問答対話から成り立っている。なお、『無量寿経』の胎化段は、浄土に胎生、化生という生まれ方があり、その因縁を説く一段として親鸞の教学形成に重要な意味を持つ箇所である。

次に、『観無量寿経』においては、序分の王舎城の悲劇を説くなかに対話的内容を読みとることができる。『観無量寿経』は浄土教がわれわれの歴史のなかに展開した最初の経典である。機の真実をあらわす経典ともいわれる。その動機になったのがいわゆる「王舎城の悲劇」である。それは、王舎大城の太子阿闍世が、釈尊を敵視し、つけねらっていた提婆達多によってそそのかされ、父の頻婆娑羅王を餓死せしめ、母の韋提希をも深宮に閉置してしまったということからはじまるのである。韋提希は、はるか耆闍崛山で説法されていた釈尊に救いを求めるのであるが、直接釈尊の来現を請わず、大目犍連、阿難を遣わしてほしいと願求するのである。それに対して釈尊は韋提希のこころを知ろしめして、みずから韋提希の前に立たれ、いよいよ対話がはじまるのである。

ただ、対話といっても、釈尊は韋提希の愚痴をじっと聞いておられるだけである。ここに『観無量寿経』の対話の特徴をみることができる。もちろん、のちには釈尊もことばを発しておられるのだが。

さて、このように対話がはじまるばあい、それが突如として開始されるようにみられるが、やはりそれを可能にならしめている素地が考えられる。それが基盤となって対話がはじまる、そのようにいえるのではなかろうか。従来、その対話を成り立たしめているところには、注意がほとんど向けられていなかったように思われる。

今回、浄土経典、特に〈無量寿経〉を中心として、その対話表現をとりあげるが、表面的な対話そのものよりも、その根源にある対話たらしめているものに視点をあてて、いささか論じてみたく思うところである。そのばあい、三つのことばをとりあげ考えてみたく思う。その一つは、「讃嘆」ほめるということであり、二つには、「聞」受け入れることであり、三つ目は「本願」利他のこころである。浄土経典では、これらのものが対話を成り立たしめている重要な要素と考えることができる。

そこで、これら三つのエレメントが経典にどのように説かれているか、また、それぞれの内容について、経典に即して考察を進めていきたいと考える。

二　ほめあう阿難と釈尊

第一の讃嘆するということについて、経典はどのように述べ、対話するということとどのように関係づけているのであろうか。まず、そのことを問うことからはじめたい。

『無量寿経』は発起序のなかで、阿難が世尊の姿を拝するや驚きの様子をあらわしている。そして、一つの譬喩と「五徳瑞現」の文によって釈尊を讃えることからはじめている。一つの譬喩とは、『無量寿経』

では、

　今日世尊諸根悦予、姿色清浄、光顔巍巍、如明浄鏡、影暢表裏[3]

と示されるものである。この鏡の喩えについて、その表現には、いささか理解しがたい点のあることは誰もが認めるところであろう。それは、影が表裏に暢るといわれている点である。近年、この表現についても説明がなされ、次のようにいわれている。[4]すなわち、明らかな鏡に映る影は、実物を思わせぬほど美しい。むしろ、実物が純粋に浮かびあがるのを覚える。しかも、鏡の面を感じさせぬという。たしかに、鏡の面を感じさせぬほど美しいという意味を示すものであろう。あるいは、純粋なものは裏も表もないということをあらわすともいえるのではなかろうか。

なお、サンスクリット本では次のような譬喩的表現をもって釈尊の姿をあらわしている。[5]

あたかも、秋のなつめ（vadara）が淡黄色で、清浄で清らかであり、黄色く輝いているように、……

あたかも、世尊よ、ジャンブー河産の金塊（jāmbūnadasvarṇaniṣka）が巧みな鍛冶屋、または鍛冶屋の息子によって炉の中に投げこまれて、よく精錬され（supariniṣṭhita）……黄色く輝いているように

ここに「秋のなつめ」と「ジャンブー河産の金塊」の二つの喩えが示されているのである。なお、『如来会』では「威光赫変如融金聚、又如明鏡凝照光暉」といい、「融金聚」と「明鏡」の二つの喩えをあげている。このことについて特に注意されて、藤田宏達博士は、[6]『如来会』が『無量寿経』とサンスクリット本にそれぞれ相通ずる所伝のあったことを示すものであると、興味深い指摘をされている。

このように、サンスクリット本、『如来会』では、二つの譬喩を用いて釈尊の光輝く様子をあらわそうとする。身近な話をもちだして、経典に対する親しみを抱かせる目的もあったものと思われるのである。

『無量寿経』は続いて、五徳瑞現といわれるように瑞相を五つあげている。㈠「奇特の法に住したもう」、㈡「仏の所住に住したもう」、㈢「導師の行に住したもう」、㈣「最勝の道に住したもう」、㈤「如来の徳を行じたもう」である。このように、五つの徳が整然と説かれているのは『無量寿経』のみである。因みに諸異本のこの部分をみると、サンスクリット本では、

今日、如来は仏の境界（buddhavihāra）に住しておられるのだ、おお、今日、如来は最勝の境界（jinavihāra）、一切智者たることの境界（sarvajñatavihāra）、偉大な像の境界（mahānāgavihāra）に住しておられ、過去、未来、現在の如来、応供、正等覚たちのことを考えておられるのだ、と。(7)

と述べている。ただ、漢訳四本、すなわち、『如来会』・『荘厳経』・『平等覚経』・『大阿弥陀経』には五徳に関説する文はみられない。

ともかく、発起序では、釈尊の姿が阿難によってほめられているのである。そして、なぜ光輝いておられるのかと阿難が問うのに対し、善き質問をした、と今度は釈尊が阿難をほめて「善哉阿難」といわれるのである。このように仏と仏弟子がほめあっている関係は、本当に向かいあっている様子が窺えるようで、やがて対話がはじまっていくことを予期させるものである。ほめるということほど純粋に近いものはないと思われる。われわれにとって難しいことだと思えば、一層そのように思えてくるのである。

ところで、ほめるということで思い浮かぶのは『無量寿経』における法蔵菩薩の第十七願である。そこには、

設我得仏十方世界無量諸仏不悉咨嗟称
我名者不取正覚(8)

と誓われている。諸仏によって我が名が称《ほ》められないようであるならば正覚をとらない、という。また、第十七願成就文には、

十方恒沙諸仏如来皆共讃歎無量寿仏威神功徳不可思議[9]

と説き、さらに、第十八願成就文では、

諸有衆生聞其名号信心歓喜乃至一念至心廻向願生彼国即得往生住不退転唯除五逆誹謗正法[10]

と示されている。したがって、第十七願、第十八願成就文をあわせると、諸仏によって称讃される名号を衆生が聞くという構造として整ってくるのである。なお、サンスクリット本の第十七願および成就文には、称讃することがいく重にも述べられている。諸仏が阿弥陀仏の名号をことばを変えて讃めているということである。ただ、そのばあい、中心になる原語は、pari-√kīrtという語である。この語の主語は諸仏世尊または釈迦牟尼仏であり、菩薩（bodhi-sattvāḥ）であろうとも衆生たち（sattvāḥ）がpari-√kīrtの主語になることは絶対に見出されないのであると、指摘される[11]。

また、称の字は、『諸橋辞典』（巻八・六〇三頁）に最初に出てくるのは「ハカル・ハカリ、ホメル・タタエル」という意味で、称《とな》えるという字義は出てこないのである。

次に、五悪段が終って、

仏告阿難汝起更整衣服合掌恭敬礼無量寿仏十方国土諸仏如来常共称揚讃歎彼仏名号[12]

と説き示される。ここでもやはり、十方国土の諸仏如来が常にかの仏を称揚讃嘆することが述べられ、それは、無著、無礙なる言説をもってなされるのである、と。サンスクリット本では、最後のところで、ガンジス河の砂に等しい仏、世尊たちが、一度ならず、くりかえし、とらわれのない言葉、よどみの

ない言葉で、讃嘆し、賛美し、賞讃されている。(13)と明かし、漢訳よりやや詳しく説かれ、諸仏が阿弥陀仏をほめたたえているのである。〈無量寿経〉は、阿弥陀仏が諸仏によってほめられるということが基調をなしている、といえるのである。ただ、〈初期無量寿経〉では、ほめるという思想は熟していない。むしろ、我が功徳、国土の善を歎ずる、あるいは説くことが誓われ、ほめるといういい方はされていない。また、十七、十八願成就文にあたる文もみられない。

次に、「讃仏偈」における讃嘆について述べておきたい。周知のごとく、「讃仏偈」は法蔵菩薩が世自在王仏を讃えている偈である。ただ、偈全体がそうだというわけではない。前半の光顔巍巍から震動大千までが世自在王仏の徳を歎ずる内容である。それ以降、願我作仏から快楽安穏までが法蔵の本願を説く部分になっている。だから、法蔵みずからの願いを説こうとするなら、まず師仏をほめてからということになる。このような態度は「讃仏偈」が無い『大阿弥陀経』にはみられない。したがって、「以頌讃曰」、あるいは、サンスクリット本の「そのとき、面前においてこれらの頌をもって讃えた（abhyaṣṭāvīt）」という語句もみられない。そして、特にサンスクリット本では、偈が終ったあとにも、

そのとき、アーナンダよ、かのダルマーカラ比丘は、かの世尊ローケシュバラ・ラージャ如来を、面前において、これらの偈頌をもって讃えてから（abhiṣṭutya）こう言った。

と、必ず讃えるということばがともなわれている。このように、諸仏が阿弥陀仏の功徳を讃え、世自在王仏を法蔵菩薩が讃え、さらに阿難と釈尊が讃めあっていることは、『無量寿経』全体における教説展開に大きな意味を担っているといえよう。それはまた、対話という方向へ向けての推進力になっているということができる。

なお、仏弟子がお尋ねすること、質問することに対して、「それはよろしい、汝が如来に質問を発したことは大いによろしい」とおほめになることが多かった。質問を奨励されるような場面があるということである。『無量寿経』では、

仏言、善哉阿難所問甚快

と述べ、『如来会』にも、

仏言、善哉、善哉汝今快問

と、阿難が問うたことに対してほめているのである。続く「善能観察微妙弁才、能問如来如是之義」の「如是之義」の語は、親鸞の「浄土和讃」のなかに用いられている。(14)

このように阿難をほめているのは諸本共通するところである。では、なぜほめられたのかというに、釈尊のこころ――それはこれから『無量寿経』を説こうとする――を阿難がよく知っていたからである。それは、釈尊のこころと阿難のこころが通じあったということである。問うたのは阿難であるが、問わせたのは釈尊であった。

また、阿難が問うたのは、長い間釈尊に随っていたということが影響していたと思われる。だから普段と違う釈尊の姿に気づきえたということであろう。

いずれにしても、阿難をほめておられるのは、釈尊をして出世本懐を説く縁を与えてくれたことに対してである。深いところでこころが通じあっていることを思わないではおれない。

また、三輩往生のあとに、『無量寿経』では、

仏告阿難、無量寿仏威神無極、十方世界、無量無辺不可思議諸仏如来、莫不称歎於彼東方恒沙仏国(15)

と説き明かし、サンスクリット本にも、

実に、アーナンダよ、この道理を見て、十方の無量無数の世界において、かれら如来たちはかのアミターバ如来の名を（tasyāmitābhasya tathāgatasya nāmadheyaṁ）称讃し、讃嘆を宣べ、賞讃を宣揚する。

と述べている。サンスクリット本では、阿弥陀仏の名を賞讃していることも注意させられる。

このようにほめられることが最も明瞭な形で説かれるのは、『阿弥陀経』の六方段である。六方の諸仏が阿弥陀仏の徳を讃嘆するが、その仏の数は三十八仏を数える。東方では、阿閦鞞仏が最初に出てくる。この阿閦鞞仏は西方の無量寿仏とよく対比される。本願をみても対蹠的であり、阿弥陀仏の本願が利他の願であるのに対し、阿閦仏の願は自利である。

三　対話を成り立たせる〝聞〟

次に、聞くということが対話を引きおこすことに重要な意味を持つことを経典をとおしてみていきたい。まず『無量寿経』は、本論に入って過去仏を説き、最後に、世自在王仏のもとで法蔵比丘が世自在王仏の説法を聞き、心に悦予を懐いて無上正真道意を尋発したという。さらに、国を棄て、王を損てて行じて沙門となる、と述べる。ここで世自在王仏の説法を聞いたことが、のちに世自在王仏と法蔵菩薩の対話の原点になっているということである。すべてのはじまりがここにあるといってよい。それは、〈無量寿経〉の開説の出発点となっているのである。

『観無量寿経』のばあいも、韋提希の愚痴を釈尊はじっと聞いておられる。すでに、それを沈黙の対話と表現したが、聞くということは受け入れるということであり、相手の立場に立つということである。しかし、凡夫のばあい、原語プリタク・ジャナ（pṛthag-jana）が示すように距離をおいて生を営む者という意味で、自他の間には距離があるから完全に一つに重なるということはできない。したがって、自他一如になって聞くということはできないが、経典では、仏が凡夫と一つになって聞いておられる姿といえるのである。そして、それがのちに対話へと展開していくことになる。『観無量寿経』でいえば、「教我思惟、教我正受」というのに対し、釈尊がはじめて「なんぢいま知れりやいなや」と、韋提希に向かってことばを発しておられるのである。ここに、対話が成立することになる。されば、釈尊の聞いておられる時間が非常に大切な意味を持つことになることは、いうまでもない。

また、『観無量寿経』第七観では、

仏告阿難、及韋提希、諦聴諦聴善思念之、仏当為汝分別解説除苦悩法

と述べる。釈尊が阿難に対して苦悩を除く法を説くから諦らかに聴け、諦らかに聴けと注意を喚起しておられるのである。したがって、前の釈尊が韋提希の愚痴を聞いていることと状況は逆である。ただ、そのあとすぐ無量寿仏が空中に住立されることが説かれている。この釈尊と阿弥陀仏のように息があうということも対話にとって重要なことだといえる。何か通じあうものがなければ、対話するきっかけも、そして対話の継続も無くなるというべきであろう。

いずれにしても、対話にとって耳を傾けるということは必要なことで、そういう姿勢について、時代を超えた普遍の道理であるといった先学[16]もいる。また、聞く耳を持つという無心の態度が人と人との間に対話をよみがえらせるともいえる。

すでに、『南伝大蔵経』には、

比丘衆よ、傾聴せざるものは無縁なり、傾聴するものは有縁なり、彼有縁なるものは一法を知り、一法を遍知し、一法を断ち、一法を作証す。彼は一法を知り、一法を遍知し、一法を断ち、一法を作証して正しく解脱を触証す、比丘衆よ、執着を離れて心の解脱をすることは、これ言の目的なり、これ対談の目的なり、これ縁の目的なり、これ傾聴の目的なり(17)

と説き明かしている。傾聴することが、心の解脱へと向かっていると示されるので、聞くということの重要性が指摘されているのである。

次に、〈無量寿経〉における聞くということについて、述べていきたい。すでに、〈無量寿経〉が聞名の経典であるということはいわれてきていることであるが、世自在王仏と法蔵菩薩の対話のなかでも、聞くということが説かれる。それは、法蔵比丘が世自在王仏に対して「願仏為我広宣経法」と述べたのに対し、世自在王仏は「如所修行荘厳仏土、汝自当知」と応えている。しかし、世自在王仏は「知其高明志願深広、即為法蔵比丘而説経言」と法蔵菩薩のために経を説いていくのである。その間「唯願世尊広為敷演諸仏如来浄土之行」と重ねて教えを請うて、「それを聞き已って説のごとく修行して所願を成満す」という表現がみられる。

このような対話表現のなかで、聞くということは、すなわち、世自在王仏の教法を聞くということであるが、注意しておきたいと思う。対話のなかの聞ということで、対話そのものが聞くということで成り立っていることを示していると思われるからである。なお、無量寿経諸本のなかで、〈初期無量寿経〉では、対話の形式が未だ整っていない。それは、法蔵比丘の経説を聞くという姿勢がみられないということと関係しているのではなかろうか。

このような対話のなかにみられる聞ではないが、流通分に、

説有大火充満三千大千世界、要当過此

聞是経法、歓喜信楽受持読誦、如説修行

と説く。ここにおいても経法を聞くということ、それは、歓喜信楽の信へとつながっているのである。異訳の『如来会』では、

於自善根不能生信、由聞仏名起信心故

と述べて、善根によっては信を生ずることはできない。仏名を聞くことによって信心を起こすことができると説くのである。

ここで、名号と聞くということを強調するという面から〈無量寿経〉を眺めてみることにしたい。聞名ということは、対話することとは直接結びつかないようにも思えるが、聞名とは基本的には、阿弥陀仏の功徳の、浄土の荘厳について聞くことである。また名を聞くことによって、心に歓喜信楽し、それによって菩提心を発し、菩薩の修行に精進していくことが、『無量寿経』第三十七願に誓われている。これは聞名によって、信心歓喜し、菩薩の修行にすすみはげむということで、聞名は、われわれを仏道修行に導き入れる重要な意味を担っているといえる。

このような聞名と、その後の修道の関係について、すでに龍樹も『大智度論』のなかで、

復次に名を聞くとは、但名を聞くを以てすなわち道を得ざるなり、聞き已って修道して然る後に度を得る。(18)

と述べるように、ただ聞名のみではさとりを得ることができないことを示して、聞名にもとづく修道によってはじめて度脱できることが明かされている。ところで、サンスクリット本の願文では、聞名と得益の間をつなぐ語が挿入され、それによって聞名の内容を知ることができる。例えば、四十二、四十三願には、

有情たちが、私の名を聞いて、聞いたことにともなう善根によって（tac-chravaṇasahagatena kuśalamūlena）覚りの座の極致に到るまで

といい、また、

他のもろもろの仏国にいる有情たちが、私の名を聞いて、それを聞いたことにともなう善根によって(19)

とも説かれ、これらによるならば、名を聞いたことが、そのまま善根を修したことになる、と理解できる。このような聞名に関する意味づけの違いは、〈初期無量寿経〉と〈後期無量寿経〉の間における思想的な展開にもとづくものであるといえよう。

さて、聞くということ、信ということ、受け入れるということばが思い浮かぶ。また、歓喜という語も聞にともなわれてくる。それらは第十八願成就文、および弥勒付属の文に説かれるところである。前者には、

諸有衆生聞其名号信心歓喜乃至一念至心廻向。願生彼国即得往生住不退転唯除五逆誹謗正法

と説かれ、後者については、

仏告弥勒其有得聞彼仏名号歓喜踊躍乃至一念当知此人為得大利則是具足無上功徳

と明かされるところである。

このように経典に説かれる聞であるが、その聞によって阿弥陀仏と私の対話ができていくように思われ

る。聞名の名号は阿弥陀仏がことばとなって現われた姿であるから、名号を聞くということは阿弥陀仏に遇うということである。『如来会』では経の終りの方に、「聴聞」ということばが多くみられる。また、「東方偈」にも説かれ、『平等覚経』の聴聞には親鸞によって左訓が施されていることは広く知られるところである。『如来会』の「東方偈」の最後には、

如是妙法已聴聞、常念諸仏而生喜

とあり、法を聴聞することが常に諸仏を念ずることであり、喜びを生ずるという。聞くことが念仏することであるとも示されているのである。念仏するということが、仏に遇うということであるとすれば、ここにも聞くことと対話の関係が示されているといえよう。

なお、サンスクリット本には、「聞信偈」という一偈が十一願成就文と十七願成就文の間に置かれ、そのなかで、極楽世界の名を聞いただけで、

この世で得られる福徳のその極小分にも、譬喩にも及ばない[20]

と述べ、名を聞くことによる福徳の大きさを示すのである。これは、〈後期無量寿経〉において特に強調されるところである。特に願文には「聞我名字」、「聞我名号」と誓うものが多いことは、しばしば指摘されてきたところである。

四　本願と対話

次に、本願が対話の根底に深くかかわることについて述べていきたい。すでに、

因位における法蔵菩薩の誓願に示されるような他のものすべてのものが救われるのでなければ、無上正等覚を取らじと態度は、もっとも根源的な意味において、対話の精神をあらわしているといえるという論がなされている[21]。本当の対話は自己中心的に執着するところからははじまらないということである。本願を起こすということは、その執着を離れたところに立っているのである。それは、法蔵菩薩の修行の一段をみれば明らかである。

於不可思議兆載永劫、積殖菩薩無量徳行、
不生欲覚瞋覚害覚、不起欲想瞋想害想、
不著色声香味触之法[22]

とあるからである。そこで、菩薩を説明するばあいに出される二、三のことばから少しく説明を試みておきたい。いま、三つのことばが思い浮かぶ。一つは、「自未度先度他」であり、二つは「不住処涅槃」、そして三つは「浄仏国土の思想」である。はじめの自未度先度他は、みずからの度脱の前に、先に他を度す、すなわち他の救いを先にするということである。また、不住処涅槃とは、智慧あるがゆえに迷いの世界に住まわず、慈悲あるがゆえにさとりの世界に住せず、と定義される。「阿闍世のために涅槃に入らず」というのは、慈悲の面をあらわしたものである。第十八願には、

設我得仏十方衆生、至心信楽欲生我国
乃至十念若不生者不取正覚

と誓われる。あらゆる衆生が、本願を信じ念仏申して、浄土に生れることができないようであるならば、私（法蔵菩薩）は仏になりません、という。この内容も不住処涅槃を示すものである。すべての者が救わ

れるまではさとりをとらないというのであるから。

次の浄国仏土の思想については、すでに先学の説明があるので、それを聞くことにする。

浄仏国土の思想は、大乗菩薩道の根本になるもので、大乗の菩薩たちがそれぞれ未来に仏となるとき、自己の出現すべき国土を清浄化することをいう。国土を清浄化するということは、その国土を形づくっている衆生を安穏に清浄の道に入らしめること、すなわち、仏道を完成せしめることを意味するものであるから、大乗菩薩の理想を実現することを意味する(23)

と述べられる。ここにも菩薩の利他の活動が読みとれる。いま、本願のすべてが利他の願でまとめられるということは『無量寿経』の特徴といえるのである。十二、十三願は光明無量の願、寿命無量の願として一見阿弥陀仏自身の願とみなされるが、これら二願もそのまま衆生の願とみなされるから、四十八願すべて利他で一貫しているのである(24)。また、利他の願ということは、仏と衆生の一体感、あるいは衆生の往生と仏の正覚が同時だということである。

このことが重要である。根底に一体感があるということは、対話が生じる土壌がすでに存しているということである。対話がはじまるには、互いに距離感がないことが望まれる。しかしすでに述べたように、凡夫という語はプリタク・ジャナ（prithag-jana）を原語とし、その意味は距離をおいて生を営む者と理解された。したがって、距離を零にすることはできない。だから逆にお互いの違いを明確にしていくことから話をはじめなければならないといえるのである。その長い違いをみつめる時間をとおしてはじめて一つになれる世界が開けていくように思えるのである。これは凡夫の立場での対話理解の一つのあり方である。

いずれにしても、対話している現象的なところだけをみるのではなく、その対話を成り立たしめている原構造とでもいうべきところに眼を向けなければならないといえよう。そのとき経典のなかでは、ほめる、聞く、本願という三つが対話を起こさせる要素と考えることができるのである。

五　おわりに

以上、われわれは経典にみられる対話の三要素について述べてきた。互いにほめあったり、聞くということは、そこに対等の関係がたもたれていくということでもある。釈尊は仏弟子に、諭すような指導者的な態度はとっておられない。そのようななかで真の対話がはじまっていくともいえよう。

どこまでも自己中心的に生きているわれわれである。そこでは、他をほめるということも仏の願いのなかに生きることも決して容易なことではない。しかし、私と私をとりまくさまざまなご縁との関係において、私がまずあるのではなく、まわりのご縁が先にあって、それによってある私なのだということが知られてくるならば、そのとき、はじめて互いにほめあったり、共に聞くことができていく、このように思えるのである。

私たちは、「対話する」ということばを日常生活のなかでよく使っている。しかし、対話の意義とか、対話そのものについて問うことはほとんどしない。だが、三要素の一つでもよい、それが対話のなかにとり込まれ考えられていくとき、これまでの対話が少し変っていくことになろう。そういう道が開かれていくならば、それはすばらしいことと思われるのである。

註

(1) 拙稿「浄土教における対話的表現」(吉川悟編『対人援助をめぐる実践と考察』ナカニシヤ出版、二〇一四年)。
(2) 金子大栄「凡夫と仏陀との対話」(『親鸞教学』一八号)。
(3) 『浄土真宗聖典全書』一、本願寺出版社、二〇一三年、一八頁。
(4) 多賀瑞心「心の世界――浄土教における光の形而上学――」(『島根農科大学研究報告』一一号、一九六三年)。
(5) 藤田宏達『新訂　梵文和訳　無量寿経・阿弥陀経』法藏館、二〇一五年、五七頁。
(6) 藤田宏達・桜部建『浄土仏教の思想』講談社、一九九四年、七九頁。
(7) 藤田宏達註(5)前掲書。
(8) 『浄土真宗聖典全書』一、一一五頁。
(9) 同前書、四三頁。
(10) 同前書、四三頁。
(11) 畝部俊英「梵文『無量寿経』における諸仏と衆生の呼応(上)――とくに称名と聞名に関して――」(『同朋仏教』五、一九七三年)。
(12) 『浄土真宗聖典全書』一、六四頁。
(13) 藤田註(5)前掲書、一五一頁。
(14) 『浄土真宗聖典全書』二、三六三頁。
(15) 『浄土真宗聖典全書』一、六四頁。
(16) 峰島旭雄「浄土教と対話の原理」(『仏教論叢』第一八号)。
(17) 『南伝大蔵経』一七巻増支部、三三三頁。
(18) 『大正蔵』一二五巻、三一三頁下。
(19) 藤田註(5)前掲書、八七頁。

(20) 同前書、一二三頁。
(21) 峰島註(16)前掲論文。
(22) 『浄土真宗聖典全書』一、三一頁。
(23) 藤田宏達『原始浄土思想の研究』岩波書店、一九七〇年、五〇六頁。
(24) 佐藤直美氏は『阿閦仏国経の研究』のなかで、阿弥陀仏の誓願は「さとりの獲得」が目的なのに対して、阿閦仏国経では「諸仏を欺かないこと」を重視しているという。

真宗における対話表現
――親鸞聖人の書簡を中心に――

林　智康

一　はじめに

浄土真宗の開祖親鸞聖人（一一七三～一二六二）には数多くの著述が存在する。主著『教行信証』（『顕浄土真実教行証文類』）六巻をはじめ、『浄土文類聚鈔』、『愚禿鈔』二巻、『入出二門偈』の漢語聖教と、三帖和讃（『浄土和讃』『高僧和讃』『正像末和讃』）、『尊号真像銘文』（略本）、『尊号真像銘文』（広本）二巻、『唯信鈔文意』、『一念多念文意』、『如来二種回向文』、『弥陀如来名号徳』、『親鸞聖人書簡（御消息）集』の和語聖教等がある。

その中で、特に対話表現が見られるのは、京におられる親鸞聖人と関東の門弟との間に交わされた親鸞聖人の書簡（御消息）四十三通である。この中の十一通が真筆である。これらの書簡をまとめた書簡集には次のようなものがある。（1）『善性本御消息集』七通、（2）『五巻書』（一通ずつ巻子にして五巻）、（3）

『親鸞聖人御消息集』（広本）十八通、（4）『血脈文集』、（5）『大祖聖人御文』四通、（6）『御消息』（浄光寺本）二十一通、（7）『末灯鈔』二十二通、（8）『親鸞聖人御消息集』（略本）十通［前述（3）『親鸞聖人御消息集』（広本）の中で『末灯鈔』と重複する八通を除く］、（9）『御書』二十二通がある。以上の書簡集に入らず単独に伝わったものは、真筆六通と門弟顕智（一二二六～一三一〇）の写本のみで伝わった一通の計七通で、拾遺としてまとめられている。(1)

親鸞聖人の書簡は、一部の法語を除いて大部分は門弟の質問に答えられたものである。その中で、門弟の質問が残されているものは、慶信・浄信・専信から親鸞聖人へ送った一通ずつと、蓮位から慶信へ送った一通で、計四通しかない。門弟の書簡には、親鸞聖人に対して、教えの領解やまた疑問について率直に述べられている。親鸞聖人御自身も、その門弟の質問に対して真摯に答えられているのである。

慶信は生没年未詳。「門侶交名牒」によると、下野国高田（現在の栃木県真岡市高田）の住。蓮位の添え状に出る覚信の子である。覚信は生没年未詳。「門侶交名牒」によると、下野国高田の住で慶信の父である。浄信は生没年未詳。「門侶交名牒」に、「七条次郎入道」とあり、洛中居住の弟子として、その名が載せられている。『末灯鈔』の諸本には「高田門人」と伝えるものもある。専信は生没年未詳。法名を専海といい、下野国高田の住。「門侶交名牒」によると真仏の門下であり、のちに遠江池田（現在の静岡県浜松市）へ移住して教化に努めた。建長七年（一二五五）に『教行信証』を書写しており、同年に制作された「安城御影」との関連が指摘されている。蓮位は常陸国下妻（現在の茨城県下妻市）の人。「門侶交名牒」に、「洛中居住弟子」と記されている。京都に住して聖人の晩年に仕えた。聖人と門弟の間における往復書簡の取り次ぎを行っている。また覚如の『御伝鈔』上巻第四段や『口伝鈔』第十三条には、聖徳太子が親鸞聖人を礼拝する夢を蓮位が見たと伝える。本願寺坊官である下間氏の祖といわれる。
以下、門弟の質問のある書簡について考察してみたい。

二　慶信坊から親鸞聖人への書簡

1　『親鸞聖人眞筆消息』第四通[2]

（上書）

畏まりて申し候ふ。

『大無量寿経』（下）に「信心歓喜」と候ふ。『華厳経』を引きて『浄土和讃』（九四）にも、「信心よろこぶそのひとを　如来とひとしとときたまふ　大信心は仏性なり　仏性すなはち如来なり」と仰せられて候ふに、専修の人のなかに、ある人こころえちがへて候ふやらん、「信心よろこぶ人を如来とひとしと同行達ののたまふは自力なり。真言にかたよりたり」と申し候ふなるは、人のうへを知るべきに候はねども申し候ふ。また、「真実信心うるひとは　すなはち定聚のかずにいる　不退のくらゐにいりぬれば　かならず滅度をさとらしむ」（同・五九）と候ふ。「滅度をさとらしむ」と候ふは、この度この身の終り候はんとき、真実信心の行者の心、報土にいたり候ひなば、寿命無量を体として、光明無量の徳用はなれたまはざれば、如来の心光に一味なり。このゆゑ、「大信心は仏性なり、仏性はすなはち如来なり」と仰せられて候ふやらん。これは十一・二・三の御誓とこころえられ候ふ。罪悪のわれらがためにおこしたまへる大悲の御誓の目出たくあはれにましますうれしさ、こころもおよばれず、ことばもたえて申しつくしがたきこと、かぎりなく候ふ。無始曠劫よりこのかた、過去遠々に、恒沙の諸仏の出世の所にて、大菩提心おこすといへども、自力かなはず、二尊の御方便にもよほされまゐらせて、雑行雑修自力疑心のおもひなし。無礙光如来の摂取不捨の御あはれみのゆゑに、疑心なくよろこびまゐらせて、一念までの往生定まりて、誓願不思議とこころえ候ひなんには、聞き見候ふにあかぬ浄土の聖教も、知識にあひまゐらせんとおもはんことも、摂取不捨も、信も、念仏も、人のためとおぼえられ候ふ。いま師主の御教のゆゑ、心をぬきて御こころむきをうかがひ候ふによりて、願意をさとり、直道をもとめえて、まさしき真実報土にいたり候はんこと、この度、一念聞名にいたるまで、うれしさ御恩のいたり、そのうへ『弥陀経義集』におろおろあきらかにおぼえられ候ふ。しかるに世間のそうそうにまぎれて、一時もしくは二時、三時おこたるといへども、昼夜にわすれず、御あはれみをよろこぶ業力ばかりにて、行住座臥に時所の不浄をもきらはず、一向に金剛の信心ばかりにて、仏恩のふかさ、師主の恩徳のうれしさ、報謝のためにただ御名をとなふるばかりにて、日の所作とせず。このやうひがざまにか候ふらん。一期の大事、ただこれにすぎたるはなし。しかるべくは、よくよくこまかに仰せを蒙り候はんとて、わづかにおもふばかりを記して申しあげ候ふ。さては京にひさしく候ひしに、そうそうにのみ候ひて、こころしづかにおぼえず候ひしことのなげかれ候ひて、わざといかにしてもまかりのぼりて、こころしづかに、せめては五日、御所に候はばやとねがひ候ふなり。噫、かうまで申し候ふも御恩のちからなり。

進上　聖人（親鸞）の御所へ　　　　蓮位御房申させたまへ

十月十日　　　　　　　　慶信上（花押）

（追伸）

追つて申しあげ候ふ。

念仏申し候ふ人々のなかに、南無阿弥陀仏ととなへ候ふひまには、無礙光如来ととなへまゐらせ候ふ人も候ふ。これをききて、ある人の申し候ふなる、「南無阿弥陀仏ととなへてのうへに、帰命尽十方無礙光如来ととなへまゐらせ候ふことは、おそれあることにてこそあれ、いまめがはしく」と申し候ふなる、このやういかが候ふべき。

（返書）

南無阿弥陀仏をとなへてのうへに、無礙光仏と申さんはあしきことなりと候ふなるこそ、きはまれる御ひがごとときこえ候へ。帰命は南無なり。無礙光仏は光明なり、智慧なり。この智慧はすなはち阿弥陀仏なり。阿弥陀仏の御かたちをしらせたまはねば、その御かたちをたしかにたしかにしらせまゐらせんとて、世親菩薩（天親）御ちからを尽してあらはしたまへるなり。このほかのことは、少々文字をなほしてまゐらせ候ふなり。

正嘉二年（一二五八）十月十日、聖人八十六歳のときである。慶信の書簡は、初めに追伸があり、次に本文がきているが、『善性本御消息集』と『末灯鈔』では、初めに本文、次に追伸の文となっている。本文の終わりに「進上　聖人の御所へ　蓮位御房申させたまへ」と、親鸞聖人の側にいる蓮位を通して、書簡を親鸞聖人に書いている。これは、慶信が親鸞聖人に深い敬意を表された表現と見られる。

まず本文では、慶信の領解を中心に、『大経』第十八願成就文、『浄土和讃』二文等を引いて、信心・仏性・如来とひとし・正定聚という信心と利益について言及している。また第十一・十二・十三願の必至滅度・光明無量（徳用）・寿命無量（体）へと展開している。

慶信の本文に対して、親鸞聖人は、追伸の後の返書の最後に「せうせう文字をなをしてまひらせ候也」と述べるように、直接修正された箇所が見られる。慶信の文と親鸞聖人の真筆を比較すると、次のごとくである（・点は異なる箇所を示す）。

	（慶信の原文）	（親鸞聖人の修正文）
（一）	経には信心歓嘉と候 和讃にも	大無量寿経に信心歓喜と候　華厳経を 引て浄土和讃にも
（二）	即定聚のかずの入る	即定聚のかずに入る
（三）	自力の菩提心おこす	大菩提心おこす
（四）	さとりかなはず	自力かなはず
（五）	一念するに往生定て	一念までの往生定て
（六）	聞見るにあかぬ浄土の御教も	聞見候にあかぬ浄土の聖教も
（七）	師主の教によりて	師主の御教へのゆえ
（八）	一念にとげ候ひぬる	一念聞名にいたるまで

（九）師主の御とく　　師主の恩徳
（十）あゝかうまで中候も　　噫かうまで中候も

また『真筆消息』と『末灯鈔』第十四通を比較すると、「一念までの」を「一念にて」とし、「人のためとおぼえられ候」を「人のためとおぼえられず候」と否定の文にし、また「日の所作とせず」を「日の所作とす」と肯定の文に変えているところが、明らかに異なっている。さらに『末灯鈔』の文では、慶信の追伸文と親鸞聖人の返書の間に、「たづねおほせられてさふらふこと、かへすがへすめでたくさふらふ」で始まる文は、『真筆消息』第九通には「十月廿一日　親鸞　浄信御房　御返事」とあるごとく、浄信房宛の返事である。したがって『末灯鈔』の編者である従覚の誤りと見られる。

慶信の追伸文では、慶信は、念仏者の中に「南無阿弥陀仏」と称えるほかに「帰命尽十方無碍光如来」と称えることを聞いて、ある人が慎むべきことであり、わざとらしいことであるといっていることを、どのように考えるべきでしょうか、と問うている。それに対して親鸞聖人は、「南無阿弥陀仏」の六字名号の上に「帰命尽十方無碍光如来」の十字名号を称えるのは悪い、ということはとんでもない誤りである。帰命は南無、無碍光は光明の智恵で表す阿弥陀仏である。人々に阿弥陀仏のすがたを知らせるために世親菩薩（天親）は力を尽くして「帰命尽十方無碍光如来」と表された、と述べられている。親鸞聖人は八十三歳のとき十字名号に讃銘を書かれ本尊とし、八十四歳では十字・八字（南無不可思議光仏）・六字の名号本尊を書かれているのである。

（蓮位の添え状）

2 『親鸞聖人眞筆消息』第四通(3)

この御文のやう、くはしく申しあげて候ふ。すべてこの御文のやう、たがはず候ふと仰せ候ふなり。ただし、「一念するに往生定まりて誓願不思議とこころえ候ふ」と仰せ候ふをぞ、「よきやうには候へども、一念にとどまるところあしく候ふ」とて、御文のそばに御自筆をもつて、あしく候ふよしを入れさせおはしまして候ふ。蓮位に「かく入れよ」と仰せをかぶりて候へども、御自筆はつよき証拠におぼしめされ候ひぬとおぼえ候ふあひだ、をりふし御咳病にて御わづらひにわたらせたまひ候へども、申して候ふなり。またのぼりて候ひし人々、くにに論じまうすとて、あるいは弥勒とひとしと申し候ふ人々候ふよしを申し候ひしかば、しるし仰せられて候ふ文の候ふ。しるしてまゐらせ候ふなり。御覧あるべく候ふ。また弥勒とひとしと候ふは、弥勒は等覚の分なり、これは因位の分なり。これは十四・十五の月の円満したまふが、すでに八日・九日の月のいまだ円満したまはぬほどを申し候ふなり。これは自力修行のやうなり。われらは信心決定の凡夫、位〔は〕正定聚の位なり。これは因位なり、これ等覚の分なり。かれは自力なり、これは他力なり。自他のかはりこそ候へども、因位の位はひとしといふなり。また弥勒の妙覚のさとりはおそく、われらが滅度にいたることは疾く候はんずるなり。かれは五十六億七千万歳のあかつきを期し、これはちくまくをへだつるほどなり。かれは漸頓のなかの頓、これは頓のなかの頓なり。滅度といふは妙覚なり。曇鸞の『註』(論註・下意一三四)にいはく、「樹あり、好堅樹といふ。この木、地の底に百年わだかまりゐて、生ふるとき一日に百丈生ひ候ふ」なるぞ。この木、地の底に百年候ふは、われらが娑婆世界に候ひて、正定聚の位に住する分なり。一日に百丈生ひ候ふなるは、滅度にいたる分なり。これにたとへて候ふなり。これは他力のやうなり。

松の生長するは、としごとに寸をすぎず。これはおそし、自力修行のやうなり。また如来とひとしといふは、煩悩成就の凡夫、仏の心光に照らされまゐらせて信心歓喜す。信心歓喜するゆゑに正定聚の数に住す。信心といふは智なり。この智は、他力の光明に摂取せられまゐらせぬるゆゑにうるところの智なり。仏の光明も智なり。かるがゆゑに、おなじといふなり。おなじといふは、信心をひとしといふなり。歓喜地といふは、信心を歓喜するなり。わが信心を歓喜するゆゑにおなじといふなり。くはしく御自筆にしるされて候ふを、書き写してまゐらせ候ふ。また南無阿弥陀仏と申し、また無碍光如来ととなへ候ふ御不審も、くはしく自筆に御消息のそばにあそばして候ふなり。かるがゆゑに、それよりの御文をまゐらせ候ふ。あるいは阿弥陀といひ、あるいは無礙光と申し、御名異なりといへども、心は一つなり。阿弥陀といふは梵語なり。これには無量寿ともいふ、無礙光とも申し候ふ。梵漢異なりといへども、心おなじく候ふなり。そもそも、覚信坊のこと、ことにあはれにおぼえ、またたふとくもおぼえ候ふ。そのゆゑは、信心たがはずしてをはられて候ふ。また、たびたび信心存知のやう、いかやうにかとたびたび申し候ひしかば、当時まではたがふべくも候はず。いよいよ信心のやうはつよく存ずるよし候ひき。のぼり候ひしに、くにをたちて、ひといちと申ししとき、病みいだして候ひしかども、同行たちは帰れなんど申し候ひしかども、「死するほどのことならば、帰るとも死し、とどまるとも死し候はんず。また病はやみ候はば、帰るともやみ、とどまるともやみ候はんず。おなじくは、みもとにてこそをはり候はば、をはり候はめと存じてまゐりて候ふなり」と、御ものがたり候ひしなり。この御信心まことにめでたくおぼえ候ふ。善導和尚の釈（散善義）の二河の譬喩におもひあはせられて、よにめでたく存じ、うらやましく候ふなり。をはりのとき、南無阿弥陀仏、南無無礙光如来、南無不可思議光如来ととなへられて、手をくみてしづかにをはられて候ひしなり。またおくれさきだつためしは、あはれになげかしくおぼしめされ候ふとも、さきだちて滅度にいたり候ひぬれば、かならず最初引接のちかひをおこして、結縁・眷属・朋友をみちびくことにて候ふなれば、しかるべくおなじ法文の門に入りて候へば、蓮位もたのもしくおぼえ候ふ。また、親となり、子となるも、先世のちぎりと申し候へば、たのもしくおぼしめさるべく候ふなり。このあはれさたふとさ、申しつくしがたく候へば、とどめ候ひぬ。いかにしてか、みづからこのことを申し候ふべきや。くはしくはなほなほ申し候ふべく候ふ。この文のやうを、御まへにてあしくもや候ふとて、よみあげて候へば、「これにすぐべくも候はず、めでたく候ふ」と仰せをかぶりて候ふなり。ことに覚信坊のところに、御涙をながさせたまひて候ふなり。よにあはれにおもはせたまひて候ふなり。

十月二十九日　　　　　　　　　　蓮位

慶信御坊へ

なお、親鸞聖人の真筆では、この返事の文で終わっているが、『善性本御消息集』第三通には、十月二十九日付の蓮位の添え状が載っている。それによると、慶信の書簡の内容を親鸞聖人に詳しく申し上げたところ、大体間違いはないが、前述の(五)「一念するに往生定て」、(八)「一念にとげ候ひぬる」の文では、「一声の念仏にとどまる」という一念義の異義に落ち入る恐れがあるとして訂正されている。聖人が蓮位に書き入れよといわれたが、御自筆が強い証拠になると思われるでしょうから、そのとき、親鸞聖人は咳病でわずらっておられましたが、あえてお願いしたのである、と述べている。聖人は身体の具合が悪いにもかかわらず、蓮位の頼みを聞き入れ、みずから修正を行われたのである。原文はかなり乱れた書体であるが、聖人は深い愛情表現をもって門弟の疑問に答えられたのである。

また蓮位は、慶信の父親である覚信が上洛の途中で病気になったにもかかわらず、親鸞聖人のところで亡くなったことに関連して、覚信の信心と臨終の有様について言及している。まず善鸞の『観経疏』の二河譬の文を出して覚信の信心を讃え、次に覚信が南無阿弥陀仏（六字）、南無無碍光如来（七字）、南無不可思議光如来（九字）の名号を称えて、手を合わせ静かに命を終えられた。別れは悲しいことであるが、先に浄土に生まれたものは、必ず誓いをおこし親族・親友等を浄土へ導くのであり、覚信も同じ仲間に入られたのである。親子の関係は過去世の因縁であるので頼もしく思ってほしい。この有難さ・尊さは、言葉では言い尽くせないと述べる。最後に、この書簡を蓮位が親鸞聖人の前で読みあげたところ、聖人は「充分であり、申し分はない」と答えられた。特に覚信のことについては、涙を流し深く悲しんでおられたと述べている。

三　浄信坊から親鸞聖人への書簡

1　『親鸞聖人眞筆消息』第六通(4)

（上書）

無礙光如来の慈悲光明に摂取せられまゐらせ候ふゆゑ、名号をとなへつつ不退の位に入り定まり候ひなんには、この身のために摂取不捨をはじめてたづぬべきにはあらずとおぼえられて候ふ。そのうへ

『華厳経』（入法界品）に、「聞此法歓喜信心無疑者　速成無上道与諸如来等」と仰せられて候ふ。また第十七の願に「十方無量の諸仏にほめとなへられん」と仰せられて候ふ。また願成就の文（大経・下）に「十方恒沙の諸仏」と仰せられて候ふは、信心の人とこころえて候ふ。この人はすなはちこの世より如来とひとしとおぼえられ候ふ。このほかは、凡夫のはからひをばもちゐず候ふなり。このやうをこまかに仰せかぶりたまふべく候ふ。恐々謹言。

二月十二日

浄信

（返書）

聖人御返事

如来の誓願を信ずる心の定まるときと申すは、摂取不捨の利益にあづかるゆゑに、不退の位に定まると御こころえ候ふべし。真実信心定まると申すも、金剛信心の定まると申すも、摂取不捨のゆゑに申すなり。さればこそ、無上覚にいたるべき心のおこると申すなり。これを不退の位とも、正定聚の位に入るとも申し、等正覚にいたるとも申すなり。このこころの定まるを、十方諸仏のよろこびて、諸仏の御こころにひとしとほめたまふなり。このゆゑに、まことの信心の人をば、諸仏とひとしと申すなり。また補処の弥勒とおなじとも申すなり。この世にて真実信心の人をまもらせたまへばこそ、『阿弥陀経』（意）には、「十方恒沙の諸仏護念す」とは申すことにて候へ。安楽浄土へ往生してのちは、まもりたまふと申すことにては候はず。娑婆世界に居たるほど護念すとは申すことなり。信心まことなる人のこころを、十方恒沙の如来のほめたまへば、仏とひとしとは申すことなり。また他力と申すことは、義なきを義とすと申すなり。義と申すことは、行者のおのおののはからふことを義とは申すなり。如来の誓願は不可思議にましますゆゑに、仏と仏との御はからひなり。凡夫のはからひにあらず。補処の弥勒菩薩をはじめとして、仏智の不思議をはからふべき人は候はず。しかれば、「如来の誓願には義なきを義とす」とは、大師聖人（法然）の仰せに候ひき。このこころのほかには往生にいるべきこと候はずとこころえて、まかりすぎ候へば、人の仰せごとにはいらぬものにて候ふなり。諸事恐々謹言。

親鸞（花押）

安楽浄土に入りはつれば、すなはち大涅槃をさとるとも、また無上覚をさとるとも、滅度にいたるとも申すは、御名こそかはりたるやうなれども、これみな法身と申す仏のさとりをひらくべき正因に、弥陀仏の御ちかひを、法蔵菩薩われらに回向したまへるを、往相の回向と申すなり。この回向せさせたまへる願を、念仏往生の願（第十八願）とは申すなり。この念仏往生の願を一向に信じてふたごころなきを、一向専修とは申すなり。如来二種の回向と申すことは、この二種の回向の願を信じ、ふたごころなきを、真実の信心と申す。この真実の信心のおこることは、釈迦・弥陀の二尊の御はからひよりおこりたりとしらせたまふべし。あなかしこ、あなかしこ。

二月廿五日

親鸞

浄信御坊　御返事

『真筆消息』は親鸞聖人の返書のみであるが、『善性本御消息集』第二通には、浄信の上書と親鸞聖人の返書について述べられている。また、『末灯鈔』第七通に親鸞聖人の返書があるが、「往生はなにごともなにごとも凡夫のはからひならず、如来の御ちかひにまかせまいらせたればこそ、他力にては候へ。やうやうにはからひあふて候らん、おかしく候」という初めの文は、『真筆消息』と『善性本御消息集』にはない。『善性本御消息集』第二通において、まず浄信の上書には、無碍光如来の慈悲の光明に摂取不捨されることにより、名号を称えて不退転の位に定まるので、摂取不捨のはたらきは尋ねる必要がない、と述べる。次に『華厳経』に、信心を得て喜び疑いないものは、さとりを得て、諸の如来と等しい身となると説かれています。また第十七願文の諸仏称名や第十七願成就文の十方諸仏が無量寿仏の威神功徳を讃嘆されると説かれる諸仏は、信心を得た人と理解しており、現世で如来と等しいと思われます。これ以外は、凡夫のはからいは用いません。このことについて詳細に述べていただきたく、恐れ多く謹んで申し上げます、と述べている。

これに対し、親鸞聖人は、浄信の述べた言葉に沿って、信心の人は摂取不捨の利益を与えられ、不退転・正定聚・等正覚の位に定まること、また、その信心の人は十方恒沙の如来によって讃嘆されているから仏と等しいこと、さらに「他力は義なきを義とするものである」と説かれている。如来の誓願には「義なきを義とす」と、法然聖人が仰っていると述べられているが、法然聖人にはこの言葉は見当たらない。また「義なきを義とす」の初めの義は凡夫（自力）のはからいを表し、後の義は本来の義・道理を示すものである。

続く「安楽浄土にいりはつれば」以下の文は、『末灯鈔』では別の二十一通目になっているが、『善性本御消息集』では、そのまま続いて記されている。安楽浄土に入れば、大涅槃をさとるとも無上覚をさとるとも、さらに滅度にいたるともいい、名は変わっても法身の仏になるのである。法蔵菩薩が阿弥陀仏となって我々に回向された願を、念仏往生の願（第十八願）というのである。この願をひたすら信じ二心がないことを一向専修という。そして如来の二種回向（往相回向・還相回向）の願を信じ、無二心を真実信心といい、この真実信心は釈迦・弥陀二尊等のはたらきによるのであると心得てください。謹んで申し上げる、と述べられている。『善性本御消息集』には、最後に「親鸞」の署名の後に「浄信御坊　御返事」と、丁寧な表現になっている。この「御坊」や「御房」は、ほかの多くの書簡の文中や宛名にも書かれており、相手に対しての敬意が見られると思われる。

2　『親鸞聖人眞筆消息』第六通⑸

（返書）

尋ね仰せられて候ふこと、かへすがへすめでたう候ふ。まことの信心をえたる人は、すでに仏に成らせたまふべき御身となりておはしますゆゑに、「如来とひとしき人」と『経』（華厳経・入法界品）に説かれ候ふなり。弥勒はいまだ仏に成りたまはねども、このたびかならずかならず仏に成りたまふべきによりて、弥勒をばすでに弥勒仏と申し候ふなり。その定に、真実信心をえたる人をば、如来とひとしと仰せられて候ふなり。また承信房の、弥勒とひとしと候ふも、ひがごとには候はねども、他力によりて信をえてよろこぶこころは如来とひとしと候ふを、自力なりと候ふらんは、いますこし承信房の御こころの底のゆきつかぬやうにきこえ候ふこそ、よくよく御案候ふべくや候ふらん。自力のこころにて、わが身は如来とひとしと候ふらんは、まことにあしう候ふべし。他力の信心のゆゑに、浄信房のよろこばせたまひ候ふらんは、なにかは自力にて候ふべき。よくよく御はからひ候ふべし。このやうは、この人々にくはしう申して候ふ。承信の御房、とひまゐらせさせたまふべし。あなかしこ、あなかしこ。

十月二十一日　　　　親鸞

浄信御房　御返事

この書簡には上書がなく、親鸞聖人から浄信への返書のみである。しかしこれも、高田専修寺に『真筆消息』第九通が残っており、前述の第六通の浄信上書にある『華厳経』の「如来と等し」が引かれ、また親鸞聖人の返書に弥勒菩薩についても言及しておられるので、日付が異なっていても、二つの書簡の間には深い関係があると思われる。

親鸞聖人の返書では、最初に浄信が尋ねておられることは、とても尊いことである、と述べられている。真実信心を得た人は仏になる身に定まっているので、『華厳経』に「如来と等し」と説かれている。また弥勒菩薩も次生において弥勒仏となる。したがって真実信心を得た人を如来と等しというのである、と述べられる。

また承信（伝不詳）が弥勒と等しいというのは間違っていないが、如来と等しということは自力であるといっていることは、理解が不充分であると思われる。他力の信心によって浄信御自身が如来と等しいと喜んでおられることが、どうして自力になるのでしょうか、よく考えてほしい、と述べられている。そして、京に訪ねてこられた人々にも詳しく話しましたし、承信にも、この人々に尋ねるように勧めてほしい。謹んで申し上げます、と述べられる。浄信御房への御返事と、丁寧な表現が窺われる。

四　専信坊から親鸞聖人への書簡

『善性本御消息集』第七通(6)

（上書）

ある人のいはく、

往生の業因は、一念発起信心のとき、無礙の心光に摂護せられまゐらせ候ひぬれば、同一なり。このゆゑに不審なし。このゆゑに、はじめてまた信不信を論じ尋ねまうすべきにあらずとなり。このゆゑに他力なり、義なきがなかの義となり。ただ無明なること、おほはるる煩悩ばかりとなり。恐々謹言。

十一月一日　　　　専信上

（返書）

仰せ候ふところの往生の業因は、真実信心をうるとき摂取不捨にあづかるとおもへば、かならずかならず如来の誓願に住すと、悲願にみえたり。「設我得仏　国中人天　不住定聚　必至滅度者　不取正覚」（大経・上）と誓ひたまへり。正定聚に信心の人は住したまへりとおぼしめし候ひなば、行者のはからひのなきゆゑに、義なきを義とすと、他力をば申すなり。善とも悪とも、浄とも穢とも、行者のはからひなき身とならせたまひて候へばこそ、義なきを義とすとは申すことにて候へ。十七の願に、「わがなをとなへられん」と誓ひたまひて、十八の願に、「信心まことならば、もし生れずは仏に成らじ」と誓ひたまへり。十七・十八の悲願みなまことならば、正定聚の願（第十一願）はせんなく候ふべきか。補処の弥勒におなじ位に信心の人はならせたまふゆゑに、摂取不捨とは定められて候へ。このゆゑに、他力と申すは行者のはからひのちりばかりもいらぬなり。かるがゆゑに義なきを義とすと申すなり。このほかにまた申すべきことなし。ただ仏にまかせまゐらせたまへと、大師聖人（法然）のみことにて候へ。

十一月十八日　　　　　　　　　　　　　　親鸞

専信御坊　御報

弥陀の本願信ずべし
　本願信ずるひとはみな
　摂取不捨の利益にて
　無上覚をばさとるなり

願力成就の報土には
　自力の心行いたらねば
　大小聖人みなながら

如来の弘誓に乗ずなり

『善性本御消息集』第七通には、まず専信の上書がある。ある人の言葉を出して、往生の業因は信心が起こったそのとき（信一念）に、無碍の光明に摂護されているのであるから、みな同じであります。だから疑問に思うことはありません。ことさら信心を得ているかいないのかを議論し、お尋ねする必要はありません。これが他力で義なきの中の義です。私たちはただ無明の中にあって煩悩に覆われるばかりです。謹んで申し上げます。十一月一日、専信たてまつる、と述べている。

この上書に対して、親鸞聖人は返書を出されている。専信がいわれていることは、まさに往生の業因は真実信心を得るときに摂取不捨の利益を与えられるのであるから、その人は誓願のはたらきの中にあると、第十一願文を出して示されている。信心の人は正定聚の位に定まると思われたからには、行者のはからいがないので、これを「義なきを義とす」、すなわち自力のはからいのないことが本来の義なのであり、他力というのである。善悪・浄穢の行者のはからいを超えることが「義なきを義」と申すのである、と述べられている。続いて第十七願文の「称我名」、第十八願文の「真実信心、若不生者不取正覚」を連引して、大悲の第十七・十八の両願が真実であるならば、正定聚を示す第十一願文にも深い意義があり、さらに信心の人は補処の弥勒と同じである、と述べられる。他力とは行者のはからいがないことで、これを「義なきを義」というのである。ただ阿弥陀仏におまかせしなさいと、法然聖人が仰せになりました、と述べておられる。ここでも「専信御坊への御返事」と、丁寧な敬語表現が使われているのである。最後に『正像末和讃』夢告讃と『高僧和讃』善導讃が引用され、書簡の内容を裏づけられている。

五　おわりに

以上にあげた、慶信・浄信・専信と親鸞聖人の間に交換された書簡の内容は、大きく二つに分けられる。一つは、信心を得れば現生正定聚に住すという、真宗の根本義である信心正因・往生即成仏について、もう一つは、それに反する異義として、一念義・自力のはからいについて言及されている。さらに蓮位の添え状に対しても、信心と現生正定聚、弥勒等同、如来と等しなどについて言及し、曇鸞大師の『往生論註』の好堅樹の譬喩の文を出して書簡の内容を裏づけられている。

また後半にある慶信の父親の覚信について、親鸞聖人は真の念仏者として讃え、書いた内容を読み上げたところ、涙を流して深く悲しんでおられた、と述べている。

上述の書簡を通して、親鸞聖人と門弟との間には、念仏往生における信心と利益の教義についての対話と、すばらしい師弟関係が窺えるのである。

註

（1）拙稿「親鸞聖人の書簡（消息）と『末灯鈔』」（『龍谷紀要』第一三巻第二号、一九九一年）。『浄土真宗聖典　原典版』「解説・校異」、本願寺出版社、一九八五年、四一〇〜四一一頁。『浄土真宗聖典全書』二・宗祖篇上「付録」、本願寺出版社、二〇一一年、一六〜一七頁。

（2）『親鸞聖人眞筆消息』第四通（『浄土真宗聖典全書』二・宗祖篇上、七四八〜七五一頁）、『善性本御消息集』第一通（『浄土真宗聖典全書』二・宗祖篇上、八五三～八五六頁）、『末灯鈔』第十四通・第十五通後半（『浄土真宗聖典全書』二・宗祖篇上、七九七～八〇一頁）、『親鸞聖人御消息』第十三通（『浄土真宗聖典　註釈版』七六〇～七六三頁）。

（3）『親鸞聖人眞筆消息』第四通（『浄土真宗聖典全書』二・宗祖篇上、七五一～七五五頁）、『善性本御消息集』第三通（『浄土真宗聖典全書』二・宗祖篇上、八五九～八六三頁）、『親鸞聖人御消息』第十三通（『浄土真宗聖典　註釈版』七六四～七六八頁）。

（4）『親鸞聖人眞筆消息』第六通（『浄土真宗聖典禅書』二・宗祖篇上、七五六～七五七頁）、『善性本御消息集』第二通（『浄土真宗聖典全書』二・宗祖篇上、八五六～八五九頁）、『末灯鈔』第七・二十一通（『浄土真宗聖典全書』二・宗祖篇上、七八八～七八九頁、八一四頁）、『親鸞聖人御消息』第二十・二十一通（『浄土真宗聖典　註釈版』七七七～七八〇頁）。

（5）『親鸞聖人眞筆消息』第六通（『浄土真宗聖典全書』二・宗祖篇上、七五九～七六〇頁）、『親鸞聖人御消息集』第十五通（『浄土真宗聖典全書』二・宗祖篇上、八四六～八四七頁）、『末灯鈔』第十五通（『浄土真宗聖典全書』二・宗祖篇上、八〇〇～八〇一頁）、『親鸞聖人御消息』第三十二通（『浄土真宗聖典　註釈版』七九四～七九五頁）。

（6）『善性本御消息集』第七通（『浄土真宗聖典全書』二・宗祖篇上、八六六～八六八頁）、『親鸞聖人御消息』第三十四通（『浄土真宗聖典　註釈版』七九七～七九八頁）。

参考文献

宮地廓慧『御消息講讃』百華苑、一九七四年。
多屋頼俊『親鸞書簡の研究』法藏館、一九九二年。

第四章

ビハーラ活動と心理学の接点

ビハーラ活動と心理臨床の接点

伊東秀章

一　はじめに

1　目的

ビハーラ活動は、人生の終末期に関わる仏教者の社会活動として展開されてきた。田宮仁が一九八五年に提唱（田宮、二〇〇七）[1]して以降、超宗派による学会や研究会、ビハーラ活動者の養成、緩和ケア病棟・特別養護老人ホームにおける実践など、様々に展開されてきた。これらの活動には多様な広がりがみられるが、その基本は「死の問題」に直面している人に対する仏教者による対応が中心課題の社会実践である。

田宮仁がビハーラを提唱してから三十年が経過し、今後の発展を検討するために、これまでの展開を検討することは重要だと筆者は考えた。ビハーラ活動の歴史を概観し、今後の実践のための理論を構築するためには、実践のコンテクストを明示した上での検討が必要であると指摘した（伊東、二〇一四）[2]。つまり、これまでのビハーラ活動の概観は仏教などの内部準拠枠によっての検討が主であり、対人援助の文脈の中では考えられてこなかった。

本稿においては、これまでのビハーラ活動の展開を検討するため、心理臨床的観点から検討を行なった。心理臨床は、臨床心理学などの援助のための知見を用いて、様々な悩みを抱えているクライエントを援助する活動の総称である。ビハーラ活動は、「死の問題」に直面している人への援助を重要なテーマに上げているが、その活動の検討が課題であった。そこで心理臨床学における実践の評価・検討の視点を援用して、ビハーラ活動の実践を概観する。またビハーラ活動と心理臨床活動には、病める人への心理的援助実践という共通点がある。そのため、ビハーラ活動を心理臨床的観点から検討することに意義があると考える。

2　本稿の視点

本稿において、ビハーラ活動を心理臨床活動の視点から検討することによって、ビハーラ活動の今後の展開を検討することが目的である。

American Psychology Association（以下、ＡＰＡ）（二〇一五）[3]は、Clinical Psychology を、「個人や家族に対して持続的で広い範囲の精神と行動のヘルスケア」「同僚や地域に対するコンサルテーション」「トレーニングや教育、スーパーヴィジョン」「実践のための基礎的な研究」、などを提供する特別な心理学であると示している。さらに、心理臨床は、「精神病理を扱うため、古典的な心理学の範囲を含有しながらも越える領域があるもの」と位置付けられており、広範囲な領域を指し示している。

日本における心理臨床を行なう専門家の集団である臨床心理士は、その専門領域を「臨床心理面接」「臨床心理査定」「臨床心理学的地域援助」「以上三つの研究」の四つに分けている。ＡＰＡの定義と比較すると、日本における心理臨床実践には心理査定が加えられており、トレーニングや教育の項目がない。また、日本の心理士は、クライエントの内面の変化の重要性に重点を置く傾向がみられる（大塚、二〇〇四・氏原、二〇〇四）[4]・[5]。

実際のビハーラ現場において重要である、相談者や家族とビハーラ活動者の対話を検討するためには、「臨床心理面接」と「臨床心理学的地域援助」の観点から検討することが妥当であると考えた。また、ビハーラ現場において「臨床心理査定」は実践されていないため、その視点からの検討は行なわなかった。以上より、本稿においては、心理臨床活動のうち、特に「個人や家族に対して行なった心理援助と地域援助」の観点から、ビハーラ活動を検討する。

二　心理臨床的観点からみたビハーラ活動の検討

「ビハーラ」という言葉が使われるようになったきっかけは、一九八五年に田宮仁が、仏教者のホスピス活動を、ビハーラと呼称することを提唱したこととされる。論文としては、一九八六年に田宮がライフサイエンス誌に掲載した「佛教を背景としたホスピス／ビハーラ（Vihāra）の開設を願って」[6]が最初である。そして、一九九二年五月に長岡西病院ビハーラ病棟が開設した。現在も、長岡西病院ビハーラ病棟は、ビハーラ僧が常駐しており、ビハーラ実践の貴重な場所の一つとなっている。

田宮がビハーラを提唱したのち、最初に反応したのは浄土真宗本願寺派である。一九八六年十一月には、ビハーラ（仏教ホスピス）研究会が浄土真宗本願寺派研修部に発足し、翌年一九八七年に、ビハーラ実践活動専門委員会が設置された。その後、この専門委員会が中心となり、ビハーラ活動者養成研修会を開催し、二〇一四年度は二十四期生のビハーラ活動者が養成された。養成研修会のカリキュラムは二回の改訂を経て、身体的介護からカウンセリングを中心とした研修へと変わってきている。

以下において、ビハーラの活動者による実践報告を心理臨床的な観点から検討する。

1　教育的ビハーラ実践

まず、篁（一九九四）[7]は、当時の緩和ケア現場におけるビハーラ実践を模索して事例を報告した。当時は、患者に対して病名の告知をされていないことが多く、実践者は葛藤を抱えながら活動していた。実践者は、緩和ケア病棟の患者へ仏教を伝えることを模索しながら実践を行ない、その結果、患者が仏教を受け入れた事例を報告した。

この報告においては、部分的にはやりとりの報告があるものの、患者の元の宗教が何であったのか、ビハーラ活動者が仏教について話をすることについて患者の許可はどのようにして得ていたのか、ということの記載はない。仏教を受け入れ、そのことによって死の受容がなされたとの報告もあるが、この報告ではその要因は不明確である。むしろ、古典的な仏教による説法のスタイルによる実践であると考えられ、その実践は教育的である。このようなアプローチによる実践は、患者側が仏教を受け入れられる姿勢や柔軟性が高い場合において有効であった事例であると考えられる。

2　ニーズとスピリチュアリティを重視したビハーラ実践

大河内（二〇〇三）[8]は、ビハーラ僧が「危機感と強い意志があるが故に、患者側のニードを最優先する姿勢や、信仰の多様性への配慮、さらにはビハーラを布教・伝道の場としないなどといった共通性」を保ち、実践できていると指摘している。また、大河内（二〇〇三）は二つの事例を取り上げ、緩和ケア病棟に入院している患者の信仰に合わせて、その宗派の僧侶が読経をすることによる意義を示した。ビハーラ僧が患者の信仰を尊重した実践の一端を示したといえる。花岡（二〇一二）[9]も、緩和ケア病棟におけるビハーラ僧のサポートとして、患者が信仰する宗教の聖職者を紹介する準備を整える意義を示した。

それぞれの事例において、前提となる患者の情報は一部開示されているものの、ビハーラ僧の関わりに対してどのような応答であったのかといったやりとりは、ほとんど部分的にしか検討されていないため、より具体的な対応の結果についての検討が今後の課題であると考える。また、両者の事例は、他宗派の僧侶を紹介するという、いわば「資源をつなぐ実践」であり、ソーシャルワーク的実践であると考えられる。

また、谷山（二〇〇六）[10]が五つの事例を挙げ詳しく検討を加えた。ここで谷山は、自身が失敗と考えた事例を取り上げ、その反省を行なっている。「別の事例を当てはめようとした身勝手で誤った判断」「ビハーラ僧自身がその場にしっかりと関わろうという覚悟ができていなかった」「患者の苦悩を代弁して少しでも心の重荷を下ろすことができれば」といった反省が述べられている。一方で、成功と考えた事例においては、患者とビハーラ僧との対話によって患者のスピリチュアリティが機能したと考えられた事例があった。そこで谷山（二〇〇六）は、患者本人の死ではなく、近親者の死のイメージを利用する意義について述べた。

3　心理臨床的ビハーラ実践

長倉（二〇一三）[11]は、「地獄に往きます」「死なせてくれ」と述べる患者への対応を報告した。そこで患者の想いを聞くこと、患者の想いを家族へ伝えることとの重要性を指摘した。

さらに村瀬（二〇一二）[12]は、ビハーラ病棟における対話を「逐語形式」で示し検討した。村瀬は、医療的対応の一部として当然の対応をするのみではなく、患者家族の思いを傾聴することや、患者が過ごしたい環境を整え続けることによって、宗教的ニーズが表出する可能性について示した。伊東（二〇一四）[13]は、特別養護老人ホームにおけるカウンセリング事例を取り上げた。仏教の経験が深いクライエントと仏教の経験が浅いクライエントに対して、対話を繰り返した結果、仏教の経験が深いクライエントは宗教的対話を楽しみ、仏教の経験の浅いクライエントは世俗的な宗教的解決を志向した。これらの報告は、傾聴を中心とした実践によって、それぞれのクライエントの宗教性が表出することを示した。また、これらの報告は、施設の特徴や相談依頼経路、クライエントと実践者の具体的な会話を示した上で、実践を検討した。

また、花岡（二〇一二）は、緩和ケア病院におけるビハーラ僧の実践において、患者の家族の相談を受けたことを患者に伝えたり、患者の想いの背景を医療従事者へ伝えたりすることを通して、医療従事者の当惑を解消した。この実践において、ビハーラ僧は一貫して、患者や家族の想いを聴くことを中心に組織内の調整を行なっており、これは臨床心理学的地域援助の一つであるリエゾン・コンサルテーションの実践であると考えられる。この報告においては、それぞれの想いをつなぐことによる実践が示された。

三　考察

1　教育的ビハーラ実践

ビハーラ活動の研究報告を心理臨床的観点から検討した場合、（1）教育的実践、（2）ニーズとスピリチュアリティを重視した実践、（3）心理臨床的実践の三つに分けられた。

教育的実践の事例報告は、篁（一九九四）にみられただけであったが、僧侶による古典的な教化方法だと考える。法話を行なう機会があるビハーラ活動は、教育的ということができる。しかしながら、ビハーラ活動は、病院や福祉施設など、門信徒・檀家以外の人々も利用する施設で行なわれるものであり、昨今では教育的な方法を用いるのは困難になっているのが現状である。それは、宗教の多様性が当然認められる現代においては、宗教を教育的に伝えることが万人に受け入れられるものではなくなったためと考える。

心理臨床実践の一つに「心理教育」がある。精神疾患の患者や家族に対してその知識や情報を伝えると同時に、対処方法の習得や、生活を主体的に営むことができるように援助する実践である。この心理教育は、通常一回だけで終わるものではなく、構造化されたプログラムで行なわれ、患者や家族の継続した参加が基本構造である。

現在、ビハーラ関連の緩和ケア病棟や福祉施設において、家族会や遺族会などが組織されているが、その効果についての検討はいまだになされていない。上述した「心理教育」のように、生死に関するプログラムを検討し、構造化して提供できる可能性があると考える。一回のみで終わる特定の宗教のみの教育ではなく、継続的で多様な価値観を伝える教育実践が、現代には求められると考える。そこで、心理教育実践の一部としてビハーラ実践の可能性があると考える。

2　スピリチュアリティとニーズを重視したビハーラ実践

ビハーラにおいて患者のニーズを重視した結果、特定の宗教的伝統に則った宗教的ケアではなく、スピリチュアリティを重視するようになった。スピリチュアリティには、いまだに多様な定義が存在している[14]が窪寺（二〇〇〇）[15]は、「スピリチュアリティとは人生の危機に直面して生きる拠り所が揺れ動き、あるいは見失われてしまったとき、その危機状況で生きる力や、希望を見つけ出そうとして、自分の外の大きなものに新たな拠り所を求める機能のことであり、また、危機の中で失われた生きる意味や目的を自己の内面に新たに見つけ出そうとする機能のことである」と述べた。そして、谷山（二〇〇六）は、スピリチュアルケアを「人間を通して感じられる・表現される、不可視・不可知な機能に焦点を当てながら、相互の内面の力動性によって自分らしさの安定・回復や成長を支援すること」と定義した。これらは、死に直面した患者に起こりやすい領域であると同時に、ケアの対象として示されている。

宗教者の実践は、従来教育的・指導的な側面が強かったため、通常、積極的な介入の決定が行なわれてきたと考えるが、今後、社会的な活動として施設や社会で活動していくためには、ニーズとスピリチュアルを重視する姿勢は重要である。

しかし一方で、吉川（二〇一二）[16]は、心理臨床の介入技法について「治療者が変化を「導入する」ことは許されても、変化を「決定する」ことは許されないと考えるべき」と述べている。スピリチュアリティの表出方法は患者それぞれが決めるべき事柄であるため、そのテーマについて話すことを絞ることはできても、積極的に介入することは検討が必要だと考える。

また、「死」に対する認識や解釈は患者それぞれによって異なり、それは文化や時代によって異なる。ビハーラ活動は、現代において三十年間実践された新しい活動の一つといえるため、その活動の中で「死に対する語り」が新しく生まれる可能性があると考える。

スピリチュアリティの定義に多様性はあるが、スピリチュアリティを求めて実践者がビハーラを実践したならば、患者の主体的な死に方を見過ごす可能性が高くなると考える。事例によっては、「この悩みは、どのスピリチュアリティに分類されるのだろうか」と援助者が考えるのならば、そのことそのものが患者のニーズを無視している可能性がある。

むしろ、谷山（二〇〇六）が報告した事例の、僧侶がスピリチュアルな関わりを期待していなかったにもかかわらず、「俺は無神論だ」といった患者が体力の低下を感じたタイミングでスピリチュアルな悩みを打ちあけたプロセスそのものが、ビハーラ僧のケアとしては重要と考える。谷山（二〇〇六）はそのプロセスを、「身の回りのお手伝いをしていて、信頼関係を築いていたから」と述べているが、その結果としてスピリチュアリティが発揮されたという点が重要である。森田（二〇一〇）[17]は、患者や家族の思いを傾聴するために、一人の人間として同じ目線で向き合うことによって信頼関係を築いておく重要性を指摘している。このような信頼関係を築くプロセスそのものの事例検討が必要であり、そのプロセスを通して、患者それぞれのスピリチュアルな語りが表出されることが重要なのではないかと考える。

3　心理臨床的ビハーラ実践

村瀬（二〇一一）や長倉（二〇一三）、伊東（二〇一四）の対応は、心理臨床の立場からは、ロジャーズ（Rogers, C. 一九五一）[18]の共感的理解（empathetic understanding）の実践であると考えられる。援助者が共感的理解を示し続けることが、患者などクライエントの自己実現を促進させ、成長につながるのだ、とロジャーズは述べている。ロジャーズ（一九五一）の理論は、現実社会に対する不適応状態のクライエントを想定したものであった。このようなスピリチュアルな問題への対応にどのように効果があるのかは、今後の課題である。

一方、ロジャーズは、晩年に、presenceの重要性を強調している。そのことについてロジャーズ（一九八六）[19]は、「私がそこに存在している（presence）というだけで、クライエントにとって開放的であり、援助的になっているのである」と述べている。このようなpresenceの考え方は人の存在そのものを指しており、森田（二〇一〇）が述べるような仏堂の仏教的空間の意義とは異なるが、「超越的な存在性」がどのような影響力を持つのかについては今後の研究課題になると考える。

ビハーラ活動における心理臨床的実践において、ロジャーズの考え方が実践される傾向にあると考えられた。これは、日本においてロジャーズのカウンセリング理論が受け入れられやすく、広まったためだと考える。また、ロジャーズ自身も晩年は徐々に超越的な問題に関心を寄せており（児玉、二〇一四）[20]、この理論はビハーラと親和性が高いと考えられる。

しかしながら、生死の問題については、ロジャーズの理論以外にもアプローチは様々にあると考える。川島（二〇一一）[21]は、高齢者の死の意味付けについてインタビューを通じて調査し、ナラティブ死生学が成立する意義について述べた。このような死に関する語りを、社会構成主義を背景とするナラティブから再検討することは、ビハーラという新しい活動が現代の死の問題にどのように影響を与えるかを検討する上で可能性を広げると考える。

このような試みは、緩和ケア領域においてはすでに探索されており、小森（二〇一一）[22]は、緩和ケアにおけるアプローチにナラティブの考え方を積極的に用いており、ディグニティセラピーなどの死に対する新たな援助実践を展開している。これらのように、ビハーラ活動者と患者や家族がどのように死や生を語り、活動をしているのかについての研究が、今後重要である。

また、大河内（二〇〇三）と花岡（二〇一三）の報告を心理臨床的観点から検討した場合、リエゾン・コンサルテーション的実践とソーシャルワーク的実践の側面があると先述した。現状において、ビハーラ活動者はそれぞれの施設内における役割に準じて、活動していると考えられる。そのことによって施設から信頼もされ、活動者の実践がより機能的になると考えられる。

これまではビハーラ活動者が行なう領域は探索的であり、柔軟な対応が基本となっていたが、今後はそれぞれの活動現場における実践の枠組みを、実践者が研究する必要があると考える。これは、明確に役割を周知するべきであるということではなく、活動者の専門性を明確にするためである。心理臨床学から考えると、心理面接とリエゾン・コンサルテーション、ソーシャルワークは、それぞれ異なった専門性が求められる。これらに異なる専門性があり、留意点が異なることを押さえていなければ、場合によっては援助を混乱させてしまう危険性があるからである。今後、それぞれの専門性を明確にした事例研究がなされることが、より効果的なビハーラ実践のために必要であると考える。

4　心理臨床からみたビハーラ活動の展開

ビハーラ活動の研究報告を心理臨床的観点から検討した場合、（1）教育的実践、（2）ニーズとスピリチュアリティを重視した実践、（3）心理臨床的実践の三つに分けられたが、これらは、大まかには年代による変遷があり（1）、（2）、（3）、の順に変わっていた。このようにビハーラ活動は心理臨床的実践と共通する領域を有している部分があり、時代の変遷とともにその要望が高まってきた可能性があると考える。

ビハーラ活動は緩和ケア病棟や高齢者施設における活動を志向しているが、その対象者であるガン患者や高齢者の「死」の問題についての研究は、心理臨床領域において少しずつ広がっている。緩和ケア病棟における心理士の役割を模索し、末期ガン患者との面接が行なわれたり、高齢者への心理的支援として回想法やライフレビューなどが実践されたりしており、また、その家族や遺族への支援を心理士が行なっている。しかし一方では、臨床心理士がこれまで対象としてきたのは精神疾患患者や不適応のクライエントなどであり、「死」の問題については積極的に取り組んできていないため、現場において援助者が様々な困難を感じていることが報告されている（長友、二〇〇二・長谷川・待鳥、二〇〇二）[23・24]。

以上のように、今後ビハーラ活動の展開を考える上では、心理臨床的実践を取り込み、心理面接やコンサルテーション・リエゾン、アセスメントなどを応用できる可能性は高いと考える。しかしながら、「死」の問題は心理臨床的実践の主題として扱ってこなかった領域でもあり、今後様々な現場の試行錯誤によって、よりよい活動を展開する必要がある。そのため今後、現場の研究である事例研究は必要だと考える。また、心理臨床現場においても、「死」に関する臨床が困難であると心理臨床家から指摘されている。ビハーラ活動の背景である仏教は、「生老病死」を越えるための実践であるため、その有効性を示すことができる可能性があると考える。仏教が、患者や援助者にどのような影響を与えているのか、ビハーラ僧や援助者の心理的な支えとなっているのかなどを研究することが、重要な課題と考える。

今後のビハーラ実践を展開する上で、心理臨床的な実践への関心が増していることが示唆された。その実践においては、援助者の、傾聴・共感といったカウンセリングの基本が強調される傾向にあるが、患者やクライエントと関係者、それぞれのニーズを読み取り、対応することは必須である。関係者のニーズを聞きつつ対応を重ねることで、コンサルテーション・リエゾンといった協力関係を築くことも重要であり、また今後、ナラティブなど心理臨床的実践が応用される可能性は様々にあると考える。

心理臨床的な配慮がなされている中で、患者やクライエントがビハーラ活動者に何を求め、何を訴えるのかによって、実践に求められるものは変わってくると考えられる。スピリチュアルに関する訴えや、ビハーラに関する訴えなどが出てくる場合もあれば、カウンセリング関係のみの場合もあり、また、これらの枠組みに留まらない実践も今後生まれると考えられる。これらのビハーラ実践と研究のための仮説を、**図1**に示した。

この**図1**は、ビハーラ活動者などの援助者のための実践仮説である。援助者は患者などの相談者に対して、心理臨床的配慮をもって、初期対応を行なうことが有効であると考える。例えば、それぞれの現場において、必要な知識を持ち、活動者自身が何を提供できるのかを明確にしながら、対象となる組織に参加していくことが前提として必要である。そして、実際の相談者はどのようなニーズを持っているのか、家族や関係者がどのようなニーズを持っているのかに合わせて対応することが求められる。場合によっては、

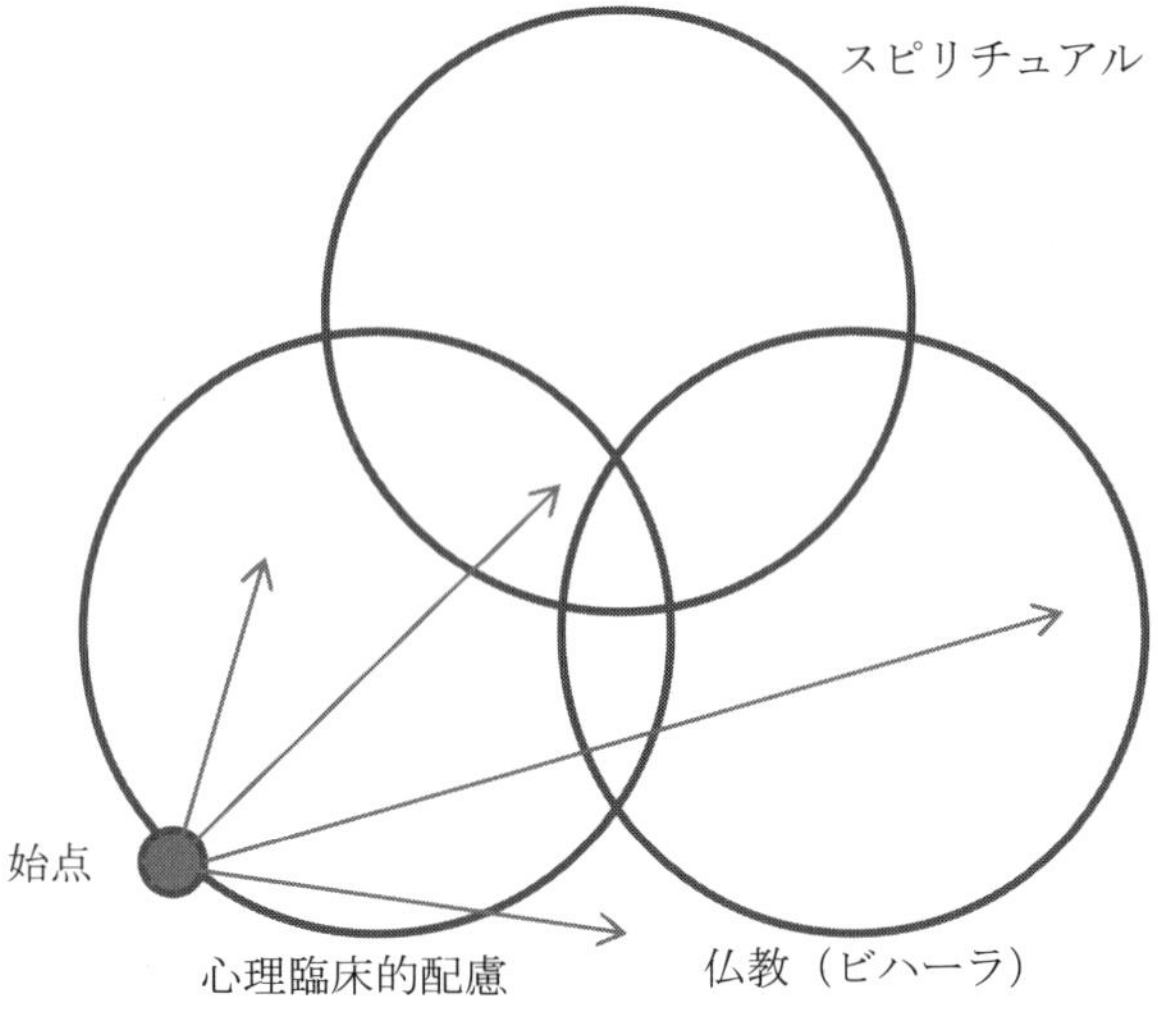

図１　ビハーラの心理臨床的研究仮説
※矢印は、実践のプロセスを示す

日常的なケアの補助や、教育的な対応、資源をつなげるといったソーシャルワーク的な対応、臨床心理学的地域援助に類する活動も行なうことが求められる。このような実践によって、活動者は、患者や家族とその組織との信頼関係を構築していくことが、最初の実践として重要である。

関係性を構築していくことによって、患者や家族、組織からスピリチュアルな実践や仏教的な実践が求められることがある。そのことによって、初めて様々な宗教的実践も促進されると考える。関係性が構築され、どのような活動が求められるのか、または援助者が何を提供できるのかは、それぞれの現場によって様々に異なり、多様な対応が必要になると考えられる。場合によっては心理臨床的な配慮を行ない続けるという実践も起こりうる。今後は、緩和ケア病棟や特別養護老人ホーム、寺院などの、それぞれの活動のコンテクストを明示した上での事例研究の積み重ねが必要である。

四　おわりに

ビハーラ活動は、日本における仏教者の「死の問題」への挑戦という新たな社会活動である。患者や家族、組織と活動者が協働的な実践を続けることによって、どのように「死の問題」を問題ではなくしていくのかは、今後追究すべき新しい課題である。今後、この問題を解決する方法そのものが新たに生まれていく可能性を、図1の枠外へ伸びている矢印が示している。

「死」の問題に対してビハーラ活動は新たな取り組みである特性上、新しく問題を作り、その問題を解決しようとしている。そのことが、患者や家族のＱＯＬ（Quality of Life）を向上させる可能性が高いと考えるが、実践を評価・検討することが大きな課題である。対象となる患者や高齢者は亡くなったり、認知症になったりする可能性が高く、臨床実践の評価が現状において難しい。本人や家族や、医療・福祉従事者などへのインタビューやアンケートを継続的に行なうなど、実践のあり方を検討することが、今後、必要である。

註

（1）田宮仁『「ビハーラ」の提唱と展開』学文社、二〇〇七年。
（2）伊東秀章「現代におけるビハーラ活動と今後」（吉川悟編『対人援助における臨床心理学入門』ミネルヴァ書房、二〇一四年、二〇三～二一四頁）。

（3）American Psychology Association　http://www.apa.org/（二〇一五年四月一日）。

（4）大塚義考『臨床心理学原論』誠信書房、二〇〇四年。

（5）氏原寛「臨床心理学総論」（氏原寛・亀口憲治・成田善弘・東山紘久・山中康裕編『心理臨床大事典』第二刷、培風館、二〇〇四年、二一～三七頁）。

（6）田宮仁「佛教を背景としたホスピス／ビハーラ（Vihara）の開設を願って」（『ライフサイエンス』一三巻一号、一九八六年）。

（7）篁俊男「ビハーラ活動におけるターミナルケア（ビハーラターミナルケア―仮称―）」（浄土真宗本願寺派ビハーラ実践活動研究会編『ビハーラ活動――仏教と医療と福祉のチームワーク――』第二版、本願寺出版社、一九九四年、一五七～二〇五頁）。

（8）大河内大博「ビハーラ活動における超宗派の取り組み方について――ビハーラ病棟での実践を通して――」（『日本仏教社会福祉学会年報』三四号、二〇〇三年、四三～五七頁）。

（9）花岡尚樹「生と死の意味を支える――宗教的に関わった三事例――」（『緩和ケア』一二巻三号、二〇〇二年、二二九～二三二頁）。

（10）谷山洋三「死の不安に対する宗教者のアプローチ――スピリチュアルケアと宗教的ケアの事例――」（『宗教研究』八〇巻二号、二〇〇六年、四五七～四七八頁）。

（11）長倉伯博「ベッドサイドに仏教がある風景――緩和ケアに参加した僧侶の経験から――」（『病院』七二巻四号、二〇一三年、二九七～三〇〇頁）。

（12）村瀬正光「ビハーラ病棟におけるスピリチュアルケア」（谷田憲俊・大下大圓・伊藤高章編『対話・コミュニケーションから学ぶスピリチュアルケア――ことばと物語からの実践――』診断と治療社、二〇一一年、六八～七七頁）。

（13）伊東秀章「特別養護老人ホームにおけるビハーラ・カウンセリングの事例研究」（吉川悟編『対人援助をめぐる

実践と考察』ナカニシヤ出版、二〇一四年、一六九～一八五頁）。
（14）Masami Takahashi「スピリチュアリティ研究の動向——21世紀の心理学における課題と可能性——」（『心理学ワールド』五九号、二〇一二年、一三～一六頁）。
スピリチュアリティが指す内容は、原語に由来する本来の意味と、現段階で学者が用いている意味と、一般大衆が用いる意味が異なっていることが指摘されている。スピリチュアリティは現代に入って特に注目されているが、今後、概念レベルから実践レベルの研究が必要とされている。
（15）窪寺俊之『スピリチュアルケア入門』三輪書店、二〇〇〇年。
（16）吉川悟「システムズアプローチにおける下地作り過程——介入プロセスにおける文脈構成——」（『龍谷大学論集』四七九号、二〇一二年、三四～五六頁）。
（17）森田敬史「ビハーラ僧の実際」（『人間福祉学研究』三巻一号、二〇一〇年、一九～三〇頁）。
（18）ロジャーズ Counseling and Psychotherapy: Newer Concepts in Practice. Houghton Mifflin Company, 1942.
（19）ロジャーズ A Client-centered/ Person-centered Approach to Therapy. Kutash, I., Wolf, A., (Eds.) Psychotherapist's Casebook. Jossey-Bass, Kirschenbaum, H., Henderson, V., 1986,（伊東博・村山正治監訳『ロジャーズ選集〈上〉』、誠信書房、二〇〇一年、一六二～一八五頁）。
（20）児玉龍治「三願転入とロジャーズ晩年の考え方」（吉川悟編『対人援助をめぐる実践と考察』ナカニシヤ出版、二〇一四年、一四七～一五四頁）。
（21）川島大輔『生涯発達における死の意味づけと宗教——ナラティヴ死生学に向けて——』ナカニシヤ出版、二〇一一年。
（22）小森康永『ディグニティセラピーのすすめ——大切な人に手紙を書こう——』金剛出版、二〇一一年。
（23）長友隆一郎「末期患者の心理的援助への可能性」（三木浩司監修『死をみるこころ生を聴くこころ——緩和ケアにおける心理士の役割——』木星舎、二〇〇二年、五九～八三頁）。

（24）　長谷川伸江・待鳥浩司「ある末期患者との面接――スーパーヴィジョン体験を交えて――」（三木浩司監修『死をみるこころ生を聴くこころ――緩和ケアにおける心理士の役割――』木星舎、二〇〇二年、八四～一一七頁）。

ビハーラ実践者の活動を支える思想
――浄土真宗本願寺派僧侶のインタビュー調査から――

打本　未来

一　はじめに

一九八五年、キリスト教を基盤としたホスピスに対し、田宮仁[1]（一九八六）が「仏教を背景としたターミナルケア施設」の呼称として、「ビハーラ」を提唱した。その理念として田宮は、以下の三点を掲げている。

1. 限りある生命の、その限りの短さを知らされた人が、静かに自身を見つめ、また見守られる場である。
2. 利用者本人の願いを軸に看取りと医療が行われる場である。そのために十分な医療行為が行われる医療機関に直結している必要がある。
3. 願われた生命の尊さに気づかされた人が集う、仏教を基礎とした小さな共同体である（ただし利用者本人やそのご家族がいかなる信仰をもたれていても自由である）。

田宮の提唱したビハーラの目的は、宗派に限らず、超宗派の仏教徒が行う終末期医療であり、その対象者は生命の限りを知らされた人、つまり、終末期にある人である。ビハーラは仏教を基盤とした終末期医療を提供する施設として提唱されたのである。

田宮が「ビハーラ」を提唱したのと時を同じくして、浄土真宗本願寺派（以下、本願寺派）においても、仏教ホスピス研究会が始まり、一九八七年、ビハーラ活動実践研究会が発足した。教団として組織的にビハーラ活動者を養成し、二〇一四年度には二十四回目の研修が実施された。

本願寺派のビハーラ活動の理念には、以下のようにある。[2]

「ビハーラ活動」とは、仏教徒が、仏教・医療・福祉のチームワークによって、支援を求めている人々を孤独のなかに置き去りにしないように、その心の不安に共感し、少しでもその苦悩を和らげようとする活動です。そして私たち自身が、苦しみや悲しみを縁として、自らの人生の意味をふりかえり、死を超えた心のつながりを育んでいくことを願いとしています。すなわち、「ビハーラ活動」とは、「生・老・病・死」の苦しみや悲しみを抱えた人々を全人的に支援するケアであり、「願われたいのち」の尊さに気づかされた人たちが集う共同体を意味します。[3]

本願寺派のビハーラ活動の対象は、苦しみ悲しみを抱え支援を求めている人々であり、目的は、その人々の不安に共感し苦悩を和らげることである。

ビハーラが提唱されて二十年のうちに、提唱者である田宮の目指したビハーラと本願寺派のビハーラ活動では、違いが出てきている。その大きな違いは、ビハーラを終末期に限るかどうかである。田宮の目指したビハーラは、新潟県長岡市にある長岡西病院ビハーラ病棟として、現在も超宗派の仏教僧侶によるケアが行われている。一方、本願寺派の活動は、終末期に限定しておらず、活動拠点も病院から福祉施設、地域と幅広く、具体的な活動内容は、福祉施設でのボランティア活動からカウンセリング、法話会の開催、災害時の救援活動まで多岐にわたっている。二〇〇八年四月、本願寺派は、京都市内から車で約一時間離れた城陽市にビハーラゾーンとして、あそかビハーラクリニック（二〇一五年現在は、あそかビハーラ病院）と特別養護老人ホームビハーラ本願寺を同時に開設した。両施設のホールには阿弥陀仏が安置され、ビハーラ僧（仏教チャプレン）と呼ばれている僧侶によって、患者・利用者のための読経や布教が行われている。

このように本願寺派のビハーラ活動は教団組織としての活動であるが、当初ビハーラ活動に対して、教団内でさまざまな批判があった。たとえば渡邊了生(4)（一九九五）は、ビハーラは真宗教義に相反したものになるとして、その理由を次のように述べている。

「ビハーラ」の概念において求められる仏教の立場（それは「臨終行儀」によった死の看取りに集約されていくものであり、「臨終」での末期患者の「死」の受容に対する精神安定ケアの最終的手段として、すなわち「ホスピス」でのキリスト教の位置に替わる、実体的な死後の世界観「浄土＝天国」とそこでの生命、魂の永遠性に基づく信仰によって「死に臨んでの望みが実際にあるという現実」を作り出すこと、いい換えれば「ホスピス的救済」を成立させることにその趣旨がある）との間には、その立脚点において矛盾した相容れぬものがある。

このような批判を受けて、終末期に限定しないビハーラ活動を展開したとも考えられる。渡邊も指摘するように、ビハーラ活動は、純粋な浄土真宗の教義そのものから発生した活動ではなく、現場の僧侶や教団によって始められた活動である。ビハーラ活動をしている者は、教義の裏づけがないという批判を受けながら、自身の活動をどのように意味づけているのであろうか。

そこで、本願寺派のビハーラ活動者にインタビュー調査をすることによって、活動者がどのような動機で活動に関わっているのか、活動を継続している要因に真宗の教えはどのように影響しているのかを検討する。

二　研究方法

1　インタビュー調査時期

二〇〇六年六月から二〇〇七年十月

2　インタビュー協力者

本研究では、活動を継続する要因を考察するため、調査協力者の選定にあたって、浄土真宗本願寺派に所属し、ビハーラ活動を十五年以上継続している人に協力を依頼した。**表1**に示す通り、九名（男性七名、

表1

	性別	年齢	活動年表	養成研修受講	主な活動場所
A	男性	六十代	二十年	あり	一般病院・高齢者福祉施設

B	男性	四十代	十七年	あり	高齢者福祉施設
C	男性	五十代	十八年	あり	一般病院
D	男性	六十代	十六年	あり	療養型病院
E	女性	六十代	十九年	なし	障害者・高齢者福祉施設・診療所
F	女性	六十代	十六年	あり	高齢者福祉施設
G	男性	五十代	二十二年	あり	高齢者福祉施設
H	男性	四十代	二十年	あり	高齢者福祉施設
I	男性	五十代	二十五年以上	あり	緩和ケア病棟

女性二名）で、平均年齢は五七・四歳であった。

3　調査手続き

協力者には、研究の概要を説明し、事前に質問項目の概略を書面で伝えた。事前に質問項目を知らせたのは、自身の活動を振り返り内省を促進させることで、詳細なデータを集めることができるからである。

《質問項目》

①　現在、どのような活動をしていますか。
②　ビハーラ活動に関わって、何年になりますか。
③　どのようなきっかけで、ビハーラ活動を始めましたか。
④　ビハーラ活動の中で、一番辛かったことはどのようなことですか。

⑤　ビハーラ活動の中で、辛いと感じたとき、どのように思いかえしたり、対処したりしましたか。
⑥　ビハーラ活動の中で、一番学んだことは何ですか。
⑦　人にビハーラ活動を勧めるとしたら、どのようにいいますか。

4　インタビュー方法

インタビューは、半構造化面接を行った。協力者の同意を得て、適宜メモをとりながら録音し、逐語録を起こし分析資料とした。面接回数は、一回、四十六分から二百八分、平均七十八分であった。

5　倫理的配慮

協力者には、インタビューを行う前に研究の趣旨を説明し、目的や方法等の内容に対して同意書を得た。また、個人情報は保護されること、研究成果についての公表について個人を特定できる情報を公表しないことを約束した。

6　分析手続き

逐語記録からの分析カテゴリーとしては、「活動のきっかけ」「活動継続を支えていること」とした。分析カテゴリーに該当する逐語録を集め、その内容を表す短い語句に変換した。また類似した意味内容を有するものは、その意味内容をより端的に表しているものに含めた。分類の結果が逐語録に基づいているかどうか、真宗学を専攻する教員と大学院生と共に確認作業を行った。

三　結果

1　活動のきっかけ

活動のきっかけについては、①闘病・看病体験、②仏教存続への危機意識、③理想の僧侶像の模索の三つに分類できた。以下「　」内はインタビューの録音を逐語化した記録からの抜粋である。

①闘病・看病体験

ビハーラ活動者は、仏教の理論としての生老病死の苦を学んでいたが、自分が闘病したり家族を看病したりする経験から、リアリティを持った苦を体験的に理解する。このことが、社会において今まさに病苦や死苦を持つ人々に何かできないかと考えるきっかけになっていた。

たとえば、Aは次のように語っている。「いつ人はそういう病気になるかわからない。その時に僧侶でも人はみんな生まれた以上死んでいくんですよっていってた自分でも、動揺してたじろいだんだから、癌を宣告されて、どんな思いになるんかって、ずっと思ってたの。何としても仏教者として関わらなければならないっていう思い」。

病苦について説教し、考えてきたはずの自分も、癌かもしれないという告知を受けて動揺した。であるならば、日常的に病苦や死苦について考えていない人が病気になり死を目の前にすると、自分よりもっと苦しい思いをするのではないかと案じ、そのような人のために何かしたいと思っている。

ている。

また、Gも自分の入院や家族の介護の際に、説いてきた仏教が身にしみて実感された機会だったと述べている。

「自分の中で医療と宗教家である自分。その自分が、自分で今まで考えたこともないような不安を自分で抱く。病むという体験を通してね。仏様にお供えするお花、これは、阿弥陀様のお慈悲を象徴しているということでしょう。そのことがなんとなく実感としてわかったのも、そういう体験だったよね」。

このように、病や介護の体験によって、机上の理論であった苦をリアリティのある苦として体験することが、ビハーラ活動に関心を持つきっかけになっていた。

②仏教存続への危機意識

これまでと同じ活動では、寺院が生き残る道はない、何か新しいことをしなければ、という危機意識が活動のきっかけになっている。「儀式というのも大事だしね、もちろんお葬式も大事だし、いろんなまあ、月参りも大事なんだけども、それだけじゃないなと。だから、それだけずっとやってきて、明治からこの大正、昭和、平成になって、仏教ってこうなってるんじゃないですか。衰退しているんじゃないですか」。

Cはこのように語り、同じくAも仏教教団存続の危機意識を語っている。

Eは、社会現象となっている廃寺についての報道がきっかけだと語った。「深刻な問題で、当初これを思い立った平成二〜三年の頃に、〇〇県で寺は消えるという現象がずっと起きていて、(中略)NHKでだいぶ放送された(中略)寺が消えていくこと。後継者がなくて、あるいは過疎になって支えきれなくなってというので、決してよそ事ではないと。うちも過疎地にある。やがて、門徒さんも年齢もいくだろうし、子どもたちとか離れていって、子どもがふるさとを顧みなくなる。そうしたら、独居老人、準独居老人の家庭が増えて、そうしたらやがては消えていくと。なれば、寺も深刻な問題であるし、それと新興宗教がどんどん増えていくので、浄土真宗の寺であっても、いろんな宗教の人を迎え入れる気持ちがなかったら、浄土真宗も駄目になる」。

このままでは仏教教団、自分の所属寺院も廃寺になってしまうという危機意識があり、新しいことを模索していた時、マスコミで終末期医療の問題が取り上げられていた。Gは「新聞に、そういう、宗教家は何をしているというそういった、私としてはそう受け止めたわけ。そういう投稿が載っていたわけ。人を癒す。死んでからではなくてという、そういう投げかけの投稿が。その投稿を読んで、ものすごく揺さぶられたわけ」と語っている。

本願寺派でビハーラ活動に組織的に取り組み始めた当初から関わってきたGは、「医療と宗教を考える会、そして京都仏教青年会という活動、それが、若干早めに始まって、よくマスコミで取り上げられた」と回顧している。

一九八〇年代後半、イギリスのシシリー・ソンダース医師が始めたホスピス運動が日本に紹介され、マスコミでも取り上げられるようになっていた。ソンダース医師は、終末期患者には身体的・精神的・社会的・スピリチュアルな痛み（spritual pain）があり、これらが相互関連的な痛みとして全人的苦痛（total pain）があることを明かしている。日本にホスピス運動が紹介された頃、このスピリチュアルな痛みは、宗教的苦痛と翻訳されていた。終末期患者が持つ宗教的苦痛に対し、宗教家はどのように対応するのかということが、マスコミで取り上げられていた。Cも、「さまざまなところで、いわゆる終末期医療に対する、こう関心が非常に高まってきた時期でもあった」と語っている。

Gのように、宗教家として揺さぶられることに影響していることの一つには、医療の中での活動においてキリスト教より出遅れているという思いも含まれている。Fは「チャプレンって牧師先生なんかの、その病院の中で、ちゃんとしたお仕事をしていたことを学生のときに知ってたし、病院の中の宗教の役割というのが、すごくきちんとあったと思う」と語っている。田宮仁が、「仏教ホスピス」は木に竹を接ぐような言葉であるとして、「ビハーラ」という名称を提唱したという事実にも、またそもそもホスピスを仏教ホスピスと、仏教というフレーズをつけて呼ぶことにも、キリスト教とは違う、仏教の活動であることの意思表明があった。

多くの宗教があり、宗教選択の自由が与えられている現代社会において、他宗教の存在が仏教教団存続の危機意識をあおり、自宗教の伝道のあり方を問い直すことを迫られていることが、ビハーラ活動を行うきっかけになっている。

③理想の僧侶像の模索

ビハーラ実践者は、僧侶として働きながら、自分と周りの僧侶の活動について、これでいいのかという葛藤を持ち、理想の僧侶像を模索していた。僧侶とは何かと問う中で、仏教の教えに立ち返って自分たちの役割を考えた末、ビハーラ活動にたどりついていた。

たとえば、Fは次のように語っている。「お寺の役割というのは、何をすればいいのかなと思っていたのね。で、その前住とかの法務はしているけれども、それが本当の仕事というふうには思えなかったというのか、思いたくなかったというのか、もっと大事な仕事があるんじゃないかなという思いはあった」。ほかにもなすべきことがあるのではないかという思いが、ビハーラ活動に結びついている。

Ｃは法務の中で仏教の教えを説き、それが相手に伝わっていなかったと、自分を振り返っている。「実際に本格的に住職としてお通夜、葬式、法事に行くんですけれど、もちろん精一杯やったつもりでいる、その時は精一杯だったと思うんですが、どうもその、遺族の方々といいますか、ご門徒の方々、本当に悲しみせつなくなっている方々に、私どもの説く法灯といいますかその間に溝を感じてしまう、一体感というか共感を持っていない。それがどちらに責任があるかといったら、相手の側の問題ではなくて私の側の問題、僧侶の側の問題であるのではないかと漠然とした不安を感じて」。

愛別離苦のまさにその苦しみを味わっている門信徒が語るのは、なぜ自分の家族が死ななければならなかったのか、なぜ私の家族が病気になったのかという、病因でも死因でもない、なぜほかの人ではなく、私の家族だったのかという私の実存的な苦しみである。仏教の理論として、人間誰もが生老病死の苦しみを持つということではなく、なぜ私が苦しまなければならないのかという自分の存在への問いである。

Ｆは「ビハーラの理念と、やっぱり現場とを結びつけてあげないと、生きていく上でとか生活していく上で、どう関わっていくのか」と理論と現実が結びつかなければ人に伝わらないのではないかと述べている。この現実の苦しみから救いを説いているのが仏教であるとＧは述べる。「仏教の教えは死んでからの教えではなくて、病む人、迷う人、悩む人を救うのが仏教のはずだ」。Ｄも同様に、ビハーラは仏教の本来の意義であると語る。「老病死という、仏教本来の、大きな苦しみから、いかに苦を受け入れていくかということは、ビハーラの本義でしょう。老病死からの思いをどうするかという、まさにお釈迦様が仏教を起こした根本ですから、まさに実施することでしょうから」。仏教の理論と現実を結ぶ実践がビハーラ活動であり、それは僧侶本来としてあるべき姿だと認識している。理想の僧侶像の探求は、ビハーラ活動を始めるきっかけにも、継続する力にもなっている。

2　活動継続を支えていること

本願寺派のビハーラ活動者養成研修は続いているものの、活動者が増えているかどうかは明らかではない。Hは「一人でないからね。仲間がいるからできるんでしょうね。一人でやっていたら大変で」と語っている。D、F、G、Iも同様に、活動には「仲間が必要」と語っている。今後の活動を考えてBは「まだまだ関わっていく分野はあるなって。だけど圧倒的に僧侶として関わる人が圧倒的に少ない」と述べている。

現実は、仲間が辞め、新しい仲間が増えず「活動者が減少」していることを実感していた。Fは「活動が、あまり、そう宗門内でも広まらないというか、まあ、認めてもらえないということと、その活動をしている人の中でも、その、思いのすれ違いがある」と述べていた。Gは、ビハーラ活動への批判について、次のように述べている。「ビハーラも、教区活動なのか、ボランティアなのかという問いが出されたりするでしょう。ビハーラの中でも。やはりそれは、いろいろ相手のためといいながら、それはやっぱり教化につながらなければ意味がないじゃないですかというのが、どこでも出てくるよね」。

ビハーラ活動は、ボランティアのように個々人の自由意思によって活動するものなのか、教団として推進され、教団の一員としてなされるべき活動なのかという考えの違いは、活動者が教団内で認められ、活動者を増やしていくことに影響する。ビハーラ活動が浄土真宗の教義上、あるいは教団組織の中で明確に位置づけられていないために、活動者は、各々が活動を自分なりに教えの上で意味づけていた。それは、

Bが仲間を増やせない理由を「あえてビハーラ活動しましょうってできない。それは個人個人の気づきだろうから」と述べているように、個々人の信仰上の気づきなのである。この活動者それぞれの「気づき」として語られたものは、①対象者との関係を意味づけること、②活動をしている自分を意味づけることに分類できた。

①対象者との関係を意味づけること

Fは、活動の中で対象者との間で感じることを次のように述べている。「生きているということは、誰かのために、私の時間をちょっと差し上げることであるし、そのことで、お互いに生きててよかったね、生まれてきてよかったねって共有できることがあるのよって。そういう些細なというか、お金も要らないし、何も要らない、けれどもできることがあるのよね。そういうのというのは、味わえない者はわからないと思う」。

Fがいう些細なこととは、たとえば認知症のお年寄りと一緒のお菓子を食べ、それを一緒に喜ぶことである。「お年寄りが〈おいしいわ〉っていってね、〈極楽、極楽〉とかっていうような一言を聞いたら、〈ほんとね〉って一緒に喜んで、それだけのために来ている」と述べる。そのような日常の些細なことを共に味わう一時に「お互いに生きててよかったね。生まれてきてよかったね」と思いを寄せあうと言うのである。これは、本願寺派が目指す「支援を求めている人々を孤独のなかに置き去りにしない」活動である。施設で生活している高齢者は、お菓子が食べられればいいのではない。それを一緒に食べ共感する相手がいて初めて、「極楽、極楽」という言葉が発せられるのである。その食を共にする相手がFの述べている「味わえない者」だった場合、この些細な日常を「生きてて良かったね。生まれてきてよかったね」

という自分と対象者が生きること、自分と対象者の存在を意味づけることにつながるだろうか。

対象者の話を傾聴するということに関して、Gは、「聴こうとする姿勢がこちらにない限りは、相手も語ろうとはしないだろうし。理解しよう、聴こうという、あの人は何を考えていらっしゃるんだろう。（中略）やっぱりまさにお聴聞の世界だと思うのね。基本はそこだと思いますよ」。対象者の話を聴くことが、教えを聴く場という聴聞の場になるというのである。

同様に、対象者との出会いをCは次のように述べた。「お互いにこの世にいのちを受けて、縁があって、無数の縁がはたらいて（患者さんと）出会えてるんだっていうことがあります」。また、Gは次のように述べる。「結局、光だよね。私たちは、光を求めて生きているし、光があるから生きておれるし、光とは何かといったら、明るさと温かさ。明るさと温かさ。これをみんな求めているわけね。あるいは、これがなければ生きてはいけても、少なくとも喜びのある生き方というのはできないのではないか。それを教えてくれるのが、お念仏の教え。つまり、お念仏の教えに出会って、私たちは明るさや温かさというものを。つらいこともある。もちろんつらい人生、苦しい人生だけれども、その中で、明るさ、温かさを支えに、その人生を越えていく。また、越えた先にまた仏様の世界があり、また明るさ、温かさを私たちに与えてくれる。こういう教えに出会っておる私たちが、与えられた温かさを、周りに少しでもまた伝えていく。伝えさせていただくということが、また私に温かみを。お年寄りを看ていたら、それが一番よくわかるの」。

Cは、対象者の存在と自分の存在、そしてその二人が出会ったことを、〝無数の縁〟と表現し、Gは、〝光〟と表現し、二人はそこに仏の存在を感じている。

Gが、高齢者の姿に特に光を感じるというのは、対象者のいのちの無常を感じるからかもしれない。その存在や関係の無常性をAは「これが最期かもしれないって思うから。求められた時には、一〇〇パーセント全力で話す」と述べている。ビハーラにおいて、支援する対象者は、当初癌のターミナル期にあっていのちの終わりを実感している患者であった。しかし、医療においてホスピスケアが緩和ケアへ、エンドオブライフケアへと広がっていくように、いのちの終わりを感じているのは、末期のがん患者だけではない。末期癌患者だけではなく、高齢者もいのちの終わりを実感している。ビハーラ活動者はいのちの無常性を実感する対象者との関係において、縁や光という仏の存在を感じるのではないだろうか。

みずからの行為を意味づけるのは、Eの語る「おかげさま」である。Eは「やはりお互いが、手を合わせる気持ちがなかったなら、人の世話はできないじゃないですか。なんとかおかげさまで、という気持ちがなかったら」と述べている。Eと同じく、Gも「それはやっぱり相互関係で、どっちが高い低い、どっちが与えている、どっちが受けてという、それだけに固定したものではなくて、相互関係です」と述べ、ビハーラ活動者と対象者の双方向の相互作用の中に仏の教えを味わっているのである。

②活動をしている自分を意味づける

Fは、自分の活動を振り返ることについて次のように語っている。「二種深信というの。それが問われるというふうにいうのは、そこかなと思うのね。片や善いことをしているというけれども、いつも自分に振り返ってみてどうなのって、私を問うていかないといけない世界。だって表面的には善いこととしてますねっていわれるじゃない」。同じく、Aもビハーラに批判的な意見を持っている講師の警告について、「(ビハーラ活動者が)自力作善とはいわないけどね、なんかそういうのに近いような、偽善者っていうか」

と述べている。このように、浄土真宗において、社会的に善い行いを積極的に推進するような意味づけは教義上難しい。

Fは、現代の日本社会の中で宗教者として生活していることについて次のような思いを述べている。「お布施で生活をしていくし、そのいろんなことを学ぶと、ここの税金も払わんでいいんだとかなんか思うと、何かしなきゃ申し訳ない」。宗教者として社会から受けている恩恵や税金の免除に対して、何か返すことが必要なのではないかという考えである。布施について、Iは次のように述べる。「いただいたお布施というものはさ、やっぱり法施として返さにゃならんと。その返し方は、いただいた方に返さんでも、そういうふうに社会に還元していってていいわけでしょう」。僧侶として、門信徒から布施をいただいて生活している、それを社会に還元する、その一つにビハーラがあると考えている。

ビハーラ活動を始めるきっかけにもなっていたような理想の僧侶像を模索するということだけではなく、それが僧侶としての自分のライフワークにもなっていく。Gは「ビハーラに関しては、私のライフワーク」と語り、Bは「先輩からの勧めではあったけど、押しつけられてるっていう思いはなかったんだよね。当然、坊さんとしてのフィールド」と語っていた。「終末医療に宗教者、僧侶として何ぼでもニーズがある。施設のスタッフには話せないけど、お寺さんには話せるわっていう場面に何度も立ち会ったのね」。Bはこのように、活動の中で対象者からむけられる僧侶への期待を感じていた。

そして、Cは、ビハーラ活動を通じて、僧侶という自分の職への思いが変化したと述べている。「学んだというよりも僧侶っていい仕事だなって思ったっていうことですね。振り返っていうと、僕は僧侶になりたくなかったですから。どうやって逃げ出そうかと思ったくらい。これってすごく大事な仕事だよなっていうことを思えるようになった理由を次のように語っている。「抽象的に自分の中で考えていた四苦八苦が、実は自分がその四苦八苦の中に身をおくことができたっていうこと。つまり仏教で学んでいて、もちろん論理的にそうだと思っていた、僕自身が信心といいますか、信仰といいますか、それを確かめることができる。僕自身がある意味で試される場所でもありますし。今至りついている結論は、患者さんご家族、医療者からまだ批判を受ける社会状況だと思いますが、老病死を当たり前のことと受けとめていくことの大事さですね」。

仏教の理論として知的に理解していた人間の生老病死の苦が、ビハーラ活動を通して、目の前にいる名前を持ったリアルな存在の生老病死の苦しみとして経験される。これにより、僧侶としての自分が試され、自己の苦しみとして生老病死を味わうことで僧侶として自信をつけていくことになり、僧侶が大事な仕事だと思えるようになっていく。

Hはビハーラ活動と僧侶としての活動の共通点に気づき、それを自利利他であると語る。「お寺の仕事もこの福祉の仕事もみんなおんなじ方向を向いていると思っています。（中略）人のことをしてあげられるということは、自分もそうして支えられているということ。そういったことに気づかされていくという。これが、簡単にいうと、自利利他ということじゃないかと思う」。僧侶としての寺院での活動と、ビハーラ活動の中で地域と関わること、このような人とのつながりの中で自分が生きているということ、それは人にしてあげていることなのではなく、自分にしていることでもあるというのである。Dも同様に語る。「私がたとえ今運転できても、あと何年か後には、もしかしたら寝たきりになるかもしれないし、だけど、そういうときもやっぱりこうやってみんなで力を合わせてくれるんだなと思えば、やっている方もすごく気持ちが安心できますよね」。またDは、ビハーラの精神が地域へ広がっていくことは、寺院活動であると考えている。「お寺というのはそういうものだろうという感じがしますね。（中略）みんなが関係しあって、やっていくという、そういうものが本来の僧伽というものだったと思いますけどね」。理想を模索し、僧侶というアイデンティティを確立させるだけではなく、ビハーラ活動や寺院で生きていくことを通して、僧侶という存在が、寺院で、地域で、どのように存在するのかを意味づけているのである。

四　おわりに

以上のインタビュー調査の結果をまとめてみたい。ビハーラ活動の動機については、一つ目に闘病や看病の体験によって、頭で理解していた理論であった苦をリアリティのある苦として体験することがビハーラ活動に関心を持つきっかけになっていた。二つ目に、宗教離れが報道されるような時代にあって、従来の活動を続けているだけでは寺院や教団が存続できない危機意識があった。三つ目に、「僧侶とは何か」と問う中で、仏教の教えに立ち返って僧侶の役割を模索し、仏教の理論と現実を結ぶ実践としてビハーラ活動にたどりついていた。

本願寺派の教団内での理解を得られないこともある中で、活動者の減少を実感していた。このため活動を継続するには、たとえ一人でも続けるという強い思いが必要である。この思いを支えた気づきとは、自分の行ったビハーラ活動を浄土真宗の教えの中で意味づけられたことであった。対象者との関係を意味づけることとしては、実践者が信仰に生きるものであるからこそ、話を聴く行為を聴聞だと理解したり、縁によって対象者と出会い、共に過ごす些細な日常に、生きる意味や仏の存在を見出したりしていた。活動をしている自分を意味づけることとして、宗教者として社会から受けている恩恵、あるいは僧侶として受けている門信徒からの布施を社会に還元することの一つに、ビハーラ活動があると考えていた。理想の僧侶像を模索し、僧侶というアイデンティティを確立させるだけではなく、地域でのビハーラ活動や寺院で生きていくことを通して、僧侶という存在が、寺院で、地域で、どのように存在するのかを意味づけていた。

本願寺派では、僧侶・門信徒共にビハーラ活動を推進しているが、今回のインタビューに協力していただいたビハーラ活動者は、全員、僧侶であったため、ビハーラ活動に僧侶として関わる意義について語れることが多くあった。教義の上では、同じ念仏者として門信徒と僧侶に区別はない。そのため本願寺派のビハーラ活動をどのように位置づけるかを論じるには、本稿では限界があった。この点が今後の課題である。

註

（1）田宮仁「ビハーラの開設を願って」（『ライフサイエンス宗教の現在』一三巻一、生命科学振興会、一九八六年）。
（2）本願寺派においては、「ビハーラ」というより「ビハーラ活動」と呼ばれることが多い。
（3）浄土真宗本願寺派伝道社会部『ビハーラ活動の理念と方向性』のホームページ。
http://www2.hongwanji.or.jp/social/vihala/html/rinen.html
（4）渡邊了生「「親鸞教義」と「ビハーラ」概念の矛盾」（『印度学仏教学研究』四四巻一号、一九九五年）。

本研究にあたり、ホスピスが日本社会に紹介され、医療の中で宗教者の活躍が期待された時期から、ビハーラ活動に関わってきた浄土真宗本願寺派の僧侶の皆さまに、インタビューにご協力いただけたこと、深く感謝いたします。

後記

藤　能成

仏教とは本来、人間の苦悩を解決し涅槃に向かう道であり、生き方・心の持ち方を説く教えである。しかし現代の多くの人にとって、仏教は葬式・法事の時にしか関わる機会がない。確かに葬式・法事は、仏前に手を合わせる中で亡き人の死・人生を受け止め、絆を深めて行く上で大切な機会であるが、それだけでは、仏教本来の役割を果たしているとはいい難い。

このような仏教が、現代において本来の役割を果たすためには何が必要であろうか。その一つの方策として、仏道を歩む人間の心を、心理学の視点から解明していくことは意味のあることであろう。これまで、禅に関する心理学的研究は蓄積されてきたが、浄土教に関してはあまりなされてこなかった。本書では浄土教を対象とする心理学、すなわち「浄土心理学」の視座から、仏教と心理学の接点を探った。

浄土教とは、阿弥陀仏の本願力を信じ、念仏することによって、阿弥陀仏の浄土（極楽）へ往生し、成仏することを目指す教えであり、浄土への往生は、生死輪廻の生存を超えることを意味する。そして浄土教は、日本の仏教の中でも最も広く信じられ、長い歴史を通じて、多くの人々の生き方や精神性、さらに文化に大きな影響を与えてきた。

仏教と心理学の関係については、様々な見方がある。私見を述べるならば、仏教は感性と直観による体験的理解（智慧）を通して得られた世界（諸法）の実相・真理を基盤として、人間が苦悩を超えて涅槃へと向かうために、いかに生きるべきかを説いた教えである。これに対し、心理学は、人間の心の問題を、科学的な方法によって実証的に解明していく学問である。

仏教においては、心理学の知見や方法を学び、取り入れることによって、現実を生きる人々の苦悩に、より適切に関わり対応していくことができるのではないか。また、心理学においては、仏教において明かされた人間・世界の実相・真理を基盤として人間の心理を探求し、それらを科学的・客観的な方法で、現実の場に適応させることができるのではないか。私たちのこれまでの研究成果を踏まえる時、仏教と心理学は、相互に高め合い、融合していくことができる可能性があると判断される。

私たち、浄土心理学研究会は、仏教と心理学を専攻する人々が集まり、二〇〇七年より研究会を続け、それぞれの立場から研究発表を行い、忌憚のない意見を交換し、学びを深めてきた。

また、本研究会では二〇〇八年以降、学会において七回にわたるパネル発表を行ってきた。本書は、その第一回「仏教と心理学の接点とその意義」（二〇〇八年・日本宗教学会）と、第二回「真宗と人間性心理学の接点とその課題」（二〇〇九年・日本印度学仏教学会）の発表内容をもとに、各発表者が、近年の研究動向を踏まえて新たに執筆した論文をまとめたものである。なお、会員の多くは浄土真宗本願寺派の関係者であるため、浄土真宗に関わる研究が多くなっている。また、英文題目の作成にあたって、本研究会会員・

那須英勝先生にご協力いただいた。

本書の刊行が、仏教と心理学に関わる人々に新たな視点や方向性を提示し、仏教と心理学のそれぞれが、より本質的な歩みを進める機縁となることを願う。私たちの研究会も、本書をお読みくださった皆様の期待に応えることができるよう、なお一層の研鑽を深めてゆきたい。

本書は、本願寺教学助成財団の助成の下に進められてきた研究の成果である。本研究会は、当財団より「浄土仏教における宗教意識の研究」（二〇〇八～二〇一〇年）のテーマで助成をいただいた。また本書は、龍谷大学龍谷学会の出版助成により刊行に至った。ご支援いただいた関係諸氏に甚深の謝意を表したい。最後に、本書の刊行に当たって、法藏館の満田みすず氏にお世話をお掛けした。重ねて御礼申し上げる。

二〇一五年四月

◎執筆者紹介（掲載順）

中尾将大（なかお　まさひろ）
一九七六年、大阪府生まれ。立命館大学文学部非常勤講師。広島大学大学院生物圏科学研究科博士課程後期満期退学・博士（学術）。専門は行動科学、宗教心理学。現在は人間の信仰心と精神的健康との関連に関心を持ち、心理学的研究を展開している。また、これまでの研究成果を背景に、人生を自分の思い通りに生きようとするのではなく、人生からの呼びかけを聞き受け、真摯に応えてゆくという生き方を社会に提案している。論文に「仏教と人間行動に関する一考察」「日本人における「写経」にまつわる心理的効果」等がある。

山本浩信（やまもと　ひろのぶ）
一九六八年、福岡県生まれ。浄土真宗本願寺派総合研究所研究員、龍谷大学大学院文学研究科真宗学専攻博士課程修了・文学修士。龍谷大学非常勤講師。中央仏教学院講師。専門は真宗学。親鸞教義について、新羅浄土教の受容や『教行信証』「化巻」について学びを深めてきた。浄土心理学研究会の参加を契機にカウンセリングについて学びを進めている。著書に『親鸞読み解き事典』（共著、柏書房、二〇〇六年）、論文に「親鸞における新羅浄土教受容の意義」「親鸞の化土思想の成立について」等がある。

李　光濬（イ　グァンジュン）
一九四〇年、韓国生まれ。翰林聖心大学校教授。東西心理学研究所長。国際日本文化研究センター外国人研究員（教授）。龍谷大学仏教文化研究所客員研究員。駒沢大学にて博士学位取得。専門は心理学、治療心理学、カウンセリング。仏教と心理学の融合的研究を進めてきた。日本での著書に『カウンセリングにおける禅心理学的研究――韓国人の心理学的構造の見地から――』（山喜房仏書林、一九九四年）、『仏教とカウンセリングの理論と実践――仏の教えと心の癒し――』（共著、自照社出版、二〇一三年）、韓国での著書に『カウンセリングと心理治療』『精神分析解体と禅心理学』『浄土仏教の懺悔思想』『法華思想史』『韓日仏教文化交流史』等がある。

原田哲了（はらだ　てつりょう）
一九六二年、鹿児島県生まれ。元龍谷大学特任講師。龍谷大学大学院文学研究科後期博士課程博士学位取得。現在、

龍谷大学ＲＥＣコミュニティカレッジ講師、朝日カルチャー京都講師など。専門は真宗学。教理史、教学史を通じ、普遍と変化の意味を考える。著書に『歎異抄の教学史的研究』（共著、永田文昌堂、二〇〇七年）、『略論安楽浄土義』の基礎的研究』（共著、永田文昌堂、二〇一二年）、『歎異抄影印集成』（共著、永田文昌堂、二〇一四年）、『歎異抄講義集成』第一巻（共著、法藏館、二〇一五年）等がある。

藤　能成（ふじ　よしなり）

→奥付頁に記載。

長岡岳澄（ながおか　がくちょう）

一九七五年、兵庫県生まれ。龍谷大学非常勤講師、中央仏教学院講師、龍谷大学大学院文学研究科博士後期課程満期退学。専門は真宗学。特に現代における伝道を研究テーマとして掲げ、伝道の拠点としての寺院に着目し、寺院の現状を把握すべく寺院の実態調査に取り組んでいる。論文に「寺院活動における諸要因の関係についての探索的研究――第九回宗勢基本調査の分析経過から――」「本願寺派における真宗教育機関の特色――第九回宗勢基本調査の結果から――」等がある。

吾勝常行（あかつ　つねゆき）

一九六〇年・和歌山県生まれ。龍谷大学文学部教授、龍谷大学大学院博士後期課程修了。真宗学専攻。龍谷大学大学院実践真宗学研究科特任教授を経て現職。特に仏教カウンセリング、ビハーラを研究分野とする。著書に『仏教心理学キーワード事典』（共著、春秋社、二〇一二年）、『仏教とカウンセリングの理論と実践――仏の教えと心の癒し――』（共著、自照社出版、二〇一三年）、『対人援助における臨床心理学入門』（共著、ミネルヴァ書房、二〇一四年）、論文に「仏教カウンセリングにおける『きく』ことの意義」等がある。

友久久雄（ともひさ　ひさお）

一九四二年・兵庫県生まれ。龍谷大学客員教授、龍谷大学名誉教授、京都教育大学名誉教授、神戸大学博士課程修了・医学博士。人間の悩みの解決方法としての仏教とカウンセリングの接点を探る。著書に『仏教とカウンセリング』（編著、法藏館、二〇一〇年）、『仏教とカウンセリングの理論と実践――仏の教えと心の癒し――』（編著、自照社出版、二〇一三年）、論文に「宗教と心理療法――三願転入とカウンセリングプロセス――」等がある。

大田利生（おおた　りしょう）

一九四二年、広島県生まれ。龍谷大学大学院文学研究科博士課程真宗学専攻修了。龍谷大学教授を経て、現在、龍谷大学名誉教授、浄土真宗本願寺派勧学、文学博士、中央仏教学院講師。著書に『無量寿経の研究――思想とその展開――』（永田文昌堂、一九九〇年）、『漢訳五本・梵本蔵訳対照　無量寿経』（永田文昌堂、一九九〇年）、『観経正宗分散善義講讃』（永田文昌堂、二〇一二年）等がある。

林　智康（はやし　ともやす）

一九四五年、福岡県生まれ。龍谷大学名誉教授。浄土真宗本願寺派勧学。中央仏教学院講師。龍谷大学大学院文学研究科真宗学専攻博士課程修了。宗学院卒業。専門は真宗教義学、真宗教学史。現在、『親鸞聖人御消息』『恵信尼文書』『歎異抄』等を通して、対話表現について考察している。著書に『蓮如教学の研究』（永田文昌堂、一九九八年）、『歎異抄講讃』（同、二〇〇一年）、『愚禿鈔講讃』（同、二〇〇四年）、『顕浄土真実信文類講讃』（同、二〇一四年）、『親鸞読み解き事典』（編著、柏書房、二〇〇六年）、『存覚教学の研究』（編著、永田文昌堂、二〇一五年）等がある。

伊東秀章（いとう　ひであき）

一九八四年、大阪府生まれ。龍谷大学非常勤講師、神戸松蔭女子学院大学非常勤講師、龍谷大学博士課程修了・教育学博士。専門は臨床心理学であり、ビハーラ・カウンセリングや学校現場における心理臨床の実践と研究を続けている。共著に『仏教とカウンセリング』（共著、法藏館、二〇一〇年）、『対人援助における臨床心理学入門』（共著、ミネルヴァ書房、二〇一四年）、論文に「特別養護老人ホームにおけるビハーラ・カウンセリングの事例研究」等がある。

打本未来（うちもと　みくる）

一九七五年、北海道生まれ。龍谷大学大学院文学研究科博士後期課程満期退学、兵庫教育大学大学院学校教育研究科臨床心理学コース修士課程修了。石井記念愛染園附属愛染橋病院チャプレン（施設付宗教家）・臨床心理士として、病院臨床におけるスピリチュアルケア、グリーフケアを実践し、日本スピリチュアルケア学会認定指導者としてスピリチュアルケア師を養成している。龍谷大学・相愛大学・神戸大学・堺看護専門学校非常勤講師。臨床スピリチュアルケア協会事務局長。論文に「スピリチュアルな苦しみとビハーラケア」等がある。

Points of Contact between Buddhism and Psychology: From the Viewpoint of Pure Land Buddhist Psychology

Edited by Yoshinari Fuji

Contents

Part Three
The Dialogical Approach and "Deep Hearing"

Part Four
Contact Points between Vihara Activities and Psychology

藤　能成（ふじ・よしなり）

1957年、福岡県生まれ。龍谷大学文学部特任教授、韓国・東国大学校印度哲学科博士課程修了・哲学博士。韓国・大邱大学校日語日文学科専任講師、九州龍谷短期大学教授を経て、現職。専門は真宗学、韓国仏教、比較宗教、仏教文学。元暁（新羅）、親鸞、蓮如、パウロらの思想が共通の普遍的体験に基づくことを検証してきた。
著書に『元暁の浄土思想研究』（韓国・民族社、2001年）、『現代社会の無明を超える――親鸞浄土教の可能性――』（法藏館、2013年）、論文に「パウロと親鸞の対論」「宗教の意味――釈尊の視点から――」等がある。

龍谷叢書37
仏教と心理学の接点
――浄土心理学の提唱――

二〇一六年七月二〇日　初版第一刷発行

編著者　藤　能成
発行者　西村明高
発行所　株式会社法藏館
京都市下京区正面通烏丸東入
郵便番号　六〇〇―八一五三
電話　〇七五―三四三―〇〇三〇（編集）
〇七五―三四三―五六五六（営業）

装幀者　名子　昇
印刷・製本　亜細亜印刷株式会社

ISBN978-4-8318-2459-2 C0015